断桥·艺术哲学文丛

依于本源而居

海德格尔艺术现象学文选

（修订本）

［德］马丁·海德格尔　著

孙周兴　编译

中国美术学院出版社

CHINA ACADEMY OF ART PRESS

·杭州·

目 录

编者引论：艺术现象学的基本问题 [1]

本文围绕马丁·海德格尔来展开，因为在"艺术现象学"的思想路线上，海德格尔是一个开端性的人物，尽管此前或同时也有一些现象学哲学家（如盖格尔、茵伽登等）做过相关的工作，但海氏的努力是最为坚实而有力的。海德格尔在前期《存在与时间》（1927年）中形成了以"世界境域"为核心的此在在世分析，其中形成的现象学洞识对于艺术探讨和考察亦具有重要的意义；而在后期思想中，海德格尔更是直接讨论了艺术问题，特别是"艺术作品的本源"（1935—1936年）一文，影响深远，业已成为20世纪艺术哲学经典了。

今天我主要来谈海德格尔意义上的艺术现象学的三个问题：

1. 艺术的本源性；
2. 艺术的真理性；
3. 艺术的空间性。[2]

最后在本文总结部分，我将提出艺术现象学与当代艺术的问题，意在追问：

艺术现象学如何对当代艺术问题做出反应？

1　本文系编者于2009年5月2日在台湾政治大学哲学系做的演讲，感谢罗丽君博士对本人报告的现场点评，以及汪文圣、蔡铮云等教授对报告的批评。文章收入本书时做了修订。

2　对于后两个问题，本人已经在别处，特别是在"作品·存在·空间——海德格尔与建筑现象学"（载《时代建筑》，2008年第6期，第10页）一文中做过阐述，为完整起见，在此不得不予以重提，论述有部分重复，唯希望有所增补和有所推进。

一、艺术的本源性

海德格尔晚年时在希腊雅典做过一个演讲，题为"艺术的起源与思想的规定"。[3] 在这篇关于希腊艺术的专题演讲中，海德格尔试图借助希腊神话中的雅典娜形象来探讨τέχνη［技艺］的起源意义，或者说艺术的开端性（本源性）意义。海德格尔这里的阐释工作极具胆识，且富有创意，我们有必要给予关注。

在古希腊神谱中，主τέχνη［技艺］的神祇是女神雅典娜。雅典娜神通广大，而其出身也特别怪异。主神宙斯因为害怕第一位妻子墨提斯生产出一个傲岸的儿子来做众神和人类之王，便一口将墨提斯吞进了肚里，但就在这当儿，墨提斯怀上了雅典娜。人类和众神之父在特里托河岸上从自己的头脑里生出了这个女儿，"明眸少女"特里托革尼亚（即雅典娜），她在力量和智慧两方面都与他的父王宙斯相等同。宙斯生下雅典娜之时，她便手持神盾，全身武装披挂。借此神盾，雅典娜的力量便超过了奥林匹斯山上的所有神灵。[4]

雅典娜是全能的，集力量和智慧于一体，其伟力与主神相匹。她是战争女神，赋予人们勇武的精神；她是雅典城邦的守护女神；她是技艺女神，让人类在和平时期精于技艺；雅典娜的智慧标志着希腊艺术和科学的智慧。

作为"技艺女神"的雅典娜是谁？从雅典娜身上可以见出希腊技艺的规定性吗？或者，更具体准确的问法应该是：雅典娜形象和特性中蕴含着希腊人的何种τέχνη理解？海德格尔的演讲要追问的正是这个问题。总结海德格尔不免繁复的词源学分析和论述，他实际上是对雅典娜做出了如下三重规定。

雅典娜的第一重规定是πολύμητις。传说中的诗人荷马把雅典娜称为πολύμητις。这个希腊词语的日常含义为"十分聪明的、富有创造力的"。海德格尔则把πολύμητις译解为"多样猜度的"。"猜度"（raten）也有"劝告、建议"

---

3 《艺术的起源与思想的规定》（*Die Herkunft der Kunst und die Bestimmung des Denkens*）系海德格尔1967年4月4日在雅典科学与艺术学院所作的报告。译文已收录本书中。

4 赫西俄德:《工作与时日·神谱》，中译本，张竹明、蒋平译，商务印书馆，1991年，第51—53页。

之义——差不多是我们今人所谓的"出点子"了。"猜度"的意思是：预先思想，预先操心，从而使某事某物成功。[5] 雅典娜在人类的生产、制造、完成活动方面起着支配作用，她因此也被称为赫拉克勒斯的"女帮手"。具有猜度作用的雅典娜赋予生产者、制造者以主意和建议，给他们"出点子"，也让他们具有猜度的能力。不过，这里说的"生产"和"制造"是广义的。因为在古希腊，每个精于制造、擅长业务、能够主管事务处理的人，都被叫作τεχνίτης ［艺人、高手］。后来人们过于狭隘地把τεχνίτης译解为"手艺人、工匠"了。

希腊的τεχνίτης原本泛指从事各种生产、制造活动的"艺人"——我甚至想建议把它译为"高手"。海德格尔进一步指出："艺人"的决定性行为是受到τέχνη ［技艺］引导的。τέχνη这个词并不指"制作"，而是指一种"知道"（Wissen）。作为"知道"的τέχνη是广义的。在古希腊人看来，任何受人控制的有目的的生成、维系、改良和促进活动都是包含τέχνη的活动，诸如教育公民是"政治艺术"，"照料人的灵魂"也是一种τέχνη。[6] 而所谓的"知道"意味着："先行看到那个在某个产物和作品的生产过程中的关键之物。"[7]

雅典娜的第二重规定是Γλαυκῶπις。既然τέχνη ［技艺］的这种"知道"（Wissen）是一种"先行看到""先行洞见"，它就需要"视见和光亮"，于是就与雅典娜的另一个命名联系在一起了。抒情诗人品达在《奥林匹亚颂歌第七首》中把雅典娜命名为Γλαυκῶπις，即"明眸女神"。名词Γλαυκῶπις是从形容词γλαυκός ［光辉的、耀眼的］变化而来的，后者指日月星辰熠熠光芒的照耀，也可以指橄榄树幽微的闪光。雅典娜是"明眸女神"，她的眼睛是γλαυκός，是充满光辉的、照耀着的。所以雅典娜的本质标志是"猫头鹰"，即ή γλαύξ（在词根上同γλαυκός）。"猫头鹰的眼睛不光是火一般热烈的，它也穿透黑夜，使通常不可见

5　Vgl. M. Heidegger, Die Herkunft der Kunst und die Bestimmung des Denkens, in: Distanz und Nähe, Reflexionen und Analysen zur Kunst der Gegenwart, hrsg. Petra Jaeger und Rudolf Lüthe, Würzberg,1983. S.12.

6　亚里士多德：《诗学》，中译本，陈中梅译注，商务印书馆，1996年，附录部分，第235页。

7　Vgl. M. Heidegger, Die Herkunft der Kunst und die Bestimmung des Denkens, in: Distanz und Nähe, Reflexionen und Analysen zur Kunst der Gegenwart, hrsg. Petra Jaeger und Rudolf Lüthe, Würzberg,1983. S.12.

者成为可见的。"[8]

我们已经看到，女神雅典娜是πολύμητις，即"猜度者"，而既要"猜度"，就得有"明眼"，所以是Γλαυκῶπις，即"明眸女神"。这些都与τέχνη［技艺］相关。雅典娜是"技艺女神"。τέχνη是一种高超悟性，是"知道"（Wissen）了。"知道了"即"已经看到了"。艺术就是这种作为"知道"的τέχνη。但作为τέχνη的艺术是广义的。庖丁解牛，不也"知道"乎？不也"得道"乎？"猜度"—"明眸"—"知道"，说的是雅典娜女神的一个基本特性，也即τέχνη的原初意义之一。

雅典娜的第三重规定是σκεπτομένη。海德格尔认为，"明眸女神"雅典娜还是一位σκεπτομένη，即"思索者、沉思者"（die Sinnende）。但"沉思"什么呢？她若有所思的目光朝向哪里呢？海德格尔在此未加论证地径直指出：朝向"边界"（die Grenze）。何以是"边界"？"边界"是什么？我们可以这样理解："边界"是事物得以确定自身的规定性，借助于"边界"，事物才得以相互"区分"，才得以取得"形态"。海德格尔的说法比较复杂一些："边界乃是某物借以聚集到其本己之中的东西，为的是由之而来以其丰富性显现出来，进入在场状态而显露出来。雅典娜在沉思边界之际已经看到，人类的行为首先必须预见到什么，才能使如此这般见到的东西进入一个作品的可见性之中而产生出来。"[9]

不过，雅典娜沉思着的目光不仅指向"人类的可能作品"，也即指向τέχνη［技艺］，它首先落在并不需要人类制作而自发地涌现出来的东西上，用海德格尔的话来说，那就是"自发地入于其当下边界之中而涌现出来并且在其中逗留的东西"，即φύσις［涌现、自然］。这就引出了τέχνη与φύσις之间的关系问题。我们今天容易把τέχνη与φύσις对立起来，而且在现代表象思维中，在技术时代里，

8　Vgl. M. Heidegger, Die Herkunft der Kunst und die Bestimmung des Denkens, in: Distanz und Nähe, Reflexionen und Analysen zur Kunst der Gegenwart, hrsg. Petra Jaeger und Rudolf Lüthe, Würzberg,1983. S.13. 这也是20世纪德国画家保罗·克利对艺术的一项规定：使不可见者成为可见的。

9　Vgl. M. Heidegger, Die Herkunft der Kunst und die Bestimmung des Denkens, in: Distanz und Nähe, Reflexionen und Analysen zur Kunst der Gegenwart, hrsg. Petra Jaeger und Rudolf Lüthe, Würzberg,1983. S.13.

技术与自然的对立是根本性的。但我们用这种现代技术与自然的对立去理解希腊的τέχνη与φύσις的关系，却未免强暴了。

首先，希腊人所见的φύσις［涌现、自然］，恐怕还不是我们现代观念中的对象性的质料自然。我们知道，海德格尔基于词源的分析和思想的领悟，把φύσις译解为"涌现"（Aufgehen）。以海氏的说法，"对希腊人来说，φύσις乃是表示存在者本身和存在者整体的第一个根本性名称。在希腊人看来，存在者乃是那种东西，它自立自形，无所促逼地涌现和出现，它返回到自身中并且消失于自身中，即一种涌现着又返回到自身中的运作。"[10] 海氏甚至以为，只有在希腊才能经验到φύσις的神秘运作。他似乎认为，只有在希腊，可能因为独特光线的缘故，"一座山、一个岛、一片海岸、一棵橄榄树以一种令人震惊而又抑制的方式显现出来"。[11] 这里需要注意其中的说法：一种令人震惊而又抑制的方式。它表明φύσις的运作是明—暗、显—隐的张力关系，是一种"解蔽"（άληθεύειν）。

其次，τέχνη［技艺］与φύσις［涌现、自然］之间的关系，在希腊人那里也是异样的。希腊人善于向φύσις学习。公元前五世纪的医学家希波克拉特提出τέχνη摹仿φύσις的观点，认为技艺的产生和形成是受自然启发的结果，技艺协助自然的工作，帮助自然实现自己的企望。[12] 海德格尔则把这种关系表述为φύσις对于人类的"要求"，以及人通过τέχνη对于φύσις的"应合"。

无论是φύσις［涌现、自然］还是τέχνη［技艺］，都是使不可见者成为可见的，使不在场者在场。两者都是一种"产出"（Her-vor-bringen），亦即希腊文的ποίησις。不仅手工制作、艺术创作是一种"产出"（ποίησις），而且φύσις［涌现、自然］，即从自身中涌现出来，也是一种"产出"（ποίησις），甚至是最高意义上的ποίησις。为什么呢？因为就手工和艺术的作品来说，其产出之

10　海德格尔：《尼采》上卷，中译本，孙周兴译，商务印书馆，2002年，第87页。

11　Vgl. M. Heidegger, Die Herkunft der Kunst und die Bestimmung des Denkens, in: Distanz und Nähe, Reflexionen und Analysen zur Kunst der Gegenwart, hrsg. Petra Jaeger und Rudolf Lüthe, Würzberg,1983. S.14.

12　亚里士多德：《诗学》，中译本，陈中梅译注，商务印书馆，1996年，附录部分，第208页。

显突（Aufbruch）不在其本身中，而在工匠和艺术家中；而就前者——涌现着（φύσει）——的在场者来说，其产出之显突却在它本身之中（ἐν ἑαυτῷ），诸如花朵显突入开放中。[13]

于是，对于希腊的"摹仿"（μίμησις）论就可以有一种新解了："摹仿"（μίμησις）就是"应合""响应"。"艺术应合于φύσις［涌现、自然］，但却绝不是已然在场者的一种复制和描摹。Φύσις［涌现、自然］与τέχνη［技艺］以一种神秘的方式共属一体。然而，使φύσις［涌现、自然］与τέχνη［技艺］得以共属一体的那个要素，以及艺术为了成为它所是的东西而必须投身其中的那个领域，依然是蔽而不显的。"[14] 海德格尔认为，早期希腊的诗人们和思想家已经触及了这个神秘领域，其中的标志形象是"闪电"。赫拉克利特在残篇第六十四中说：τὰ δε πάντα οἰακίζει κεραυνός［而闪电操纵一切］。这意思是说：闪电一下子带来和操纵着自发地在其特征中的在场者。闪电是由主神宙斯发出的，而雅典娜乃是具有至高神力的宙斯之女。

海德格尔于是总结：正是借着这样一种"知道"（Wissen），作为宙斯之女的雅典娜，就是"多样猜度的"（πολύμητις）、"明亮地观看的"（γλαυκῶπις）以及"沉思着边界的"（σκεπτομένη）女神。[15] 这就是说，除了"猜度"—"明眸"这个特性外，技艺女神雅典娜还有"沉思"之力，知道φύσις［涌现、自然］与τέχνη［技艺］如何共属，或者说，τέχνη［技艺］如何应和于φύσις［涌现、自然］。

13　海德格尔：《演讲与论文集》，中译本，孙周兴译，生活·读书·新知三联书店，2005年，第9页。

14　Vgl. M. Heidegger, Die Herkunft der Kunst und die Bestimmung des Denkens, in: Distanz und Nähe, Reflexionen und Analysen zur Kunst der Gegenwart, hrsg. Petra Jaeger und Rudolf Lüthe, Würzberg,1983. S.14.

15　Vgl. M. Heidegger, Die Herkunft der Kunst und die Bestimmung des Denkens, in: Distanz und Nähe, Reflexionen und Analysen zur Kunst der Gegenwart, hrsg. Petra Jaeger und Rudolf Lüthe, Würzberg,1983. S.15.

二、艺术的真理性

海德格尔对于艺术的本源意义的追问始于更早、更著名的"艺术作品的本源"（1935—1936年）一文。该文开头即提出要追问艺术作品的本质之源；而在结束处，海德格尔提供出来的答案既简单又不免让人吃惊：艺术作品的本源是艺术。"艺术作品的本源，同时也就是创作者和保存者的本源，也就是一个民族的历史性此在的本源，乃是艺术。之所以如此，是因为艺术在其本质中就是一个本源：是真理进入存在的突出方式，亦即真理历史性地生成的突出方式。"[16] 重点当然在后面：艺术是真理发生或生成的突出方式。

把艺术与真理关联起来，这其实是一个惊人之举。为何艺术是"真理"？又是何种"真理"——艺术的真理性是何种真理性？

海德格尔是从作品角度来讨论的。什么是一件艺术作品？大概没有人敢有明确的答案，在今天这个时代尤其如此。海德格尔的回答可谓别出心裁——他赋予艺术作品一种"开天辟地"的意义，指出艺术作品的"作品存在"（"作品性"）的两个基本特征，即：其一，作品存在就是"建立（aufstellen）一个世界"；其二，作品存在就是"制造（herstellen）[17] 大地"。这里要注意的是："世界"用的是单数，是"一个"（eine），其实却指示着"多个"，因为"世界"总是依诸民族而展开，是诸民族的"世界"；相反，"大地"用的是定冠词，是"这个"（die）"大地"，其实倒是单数了。

这是海德格尔的"作品观"。而若要充分理解海德格尔的这个思想，我们还得从头说起，先来看看海德格尔在前期《存在与时间》中形成的"物观"。在前期哲学中，海德格尔虽说旨在重构存在学（Ontologia，旧译"本体论"），但落实处却在个体实存，即在世此在（Dasein）。人生在世，总是要与事物交道。所交道之物首先是"器具"或"用物"。从器物入手，海德格尔之所思在于物如

16　M. Heidegger, Holzwege, Frankfurt a. M. 1980, S.66.

17　此处"制造"（herstellen）意为"产出、把……带出来"，而非工业生产。

何在世界境域中呈现、存在。海德格尔的想法可谓平常了：物的存在首先在于人对物的"使用"中，也可以说在于物与人的关联状态，而不在于人对物的认知。"用"优先于"知"——这是海德格尔的一个致思特点。

在我们看来，海德格尔上述貌似实用主义的思想实际上具有深刻的现象学意蕴。人与物（器具）之间首先并不是知识的、理论的关系，而是亲切而熟悉的"使用"关系。而根本点在于，我们对于器具的这种亲切和熟悉并不是由器具提供给我们的，而是由"世界"——"使用境域"——提供给我们的。这个"世界"，这个"使用境域"，我们通常并不关注它，它可以说是毫不显眼、隐而不显的。当我们关注它时，往往是"使用境域"出现障碍和问题的时候。比如此时此刻，在我演讲的这个会场里，我们的注意力不在这个环境，我们多半并不关注这个会场境域；若是这时候突然有歹徒持枪闯入，或者在场诸位当中突然有人高声唱起歌来，我们才会惊恐或者不满，想到这是一个会场，怎么搞的？出了什么事？这还是个会场吗？等等。

海德格尔由此得出一点：世界是一种既自行开启又自行克制、既显又隐的"发生"。我们与器物的交道的活动性的依据就在于，作为使用境域或因缘联系的世界克制自己。[18]

从世界境域的角度来理解事物的存在，或者说，把事物存在的意义落实于使用境域（而不在于事物本身或者主体对于事物的认知），这个想法很重要，不过也还是不够的。何以不够呢？因为问题在于，这个"使用境域"——"世界境域"——是如何构成，或者说如何发生出来的？这个问题在前期海德格尔那里并未得到良好的解答。20世纪30年代以后的后期海德格尔又接过了这个题目，特别在《艺术作品的本源》等文中，海德格尔把物如何在世界境域里显现以及世界境域如何开显（构成）的问题与艺术联系起来了。

18　黑尔德：《世界现象学》，孙周兴编，倪梁康等译，生活·读书·新知三联书店，2003年，第123页。

　　这一联系显得自然而然。如前所述，海德格尔在《存在与时间》中已经得出：事物存在的意义首先在于它的"有用性"。但这种"有用性"却植根于"可靠性"（Verläßlichkeit）。我们总是已经依靠、依赖、信任于周边的器具，才会如此不经意地——也即：不加分析地、不通过理论地——使用这些器具。从"有用性"到"可靠性"是十分关键的一个跳跃，可以说是从日常经验到现象学思想经验的跳跃。人生在世，总在"用"着什么，这是常态，平常我们并不关心这时时处处的"用"是如何可能的。我们不断"用"着什么的日常此在是安全而令人放心的，是不费思量的。日常我们是靠着常识经验来组织我们的生活的，用不着现象学，也用不着关心作为"有用性"之依据的"可靠性"。然而，思想必得超出日常经验的范围而进入意义和根据层面。

　　众所周知，海德格尔曾举出凡·高的一件作品来解说艺术。他说凡·高画的是农妇的鞋，有好事者考证说那不是农妇的，而是凡·高自己的，等等——这些都无关紧要。重要的是我们得领会海德格尔的思路。一个农妇是在"有用性"面上使用器具的，她并不关心更多的东西。但海德格尔却替她说出玄奥："凭借可靠性，这器具把农妇置入大地的无声的召唤之中，凭借可靠性，农妇才把握了她的世界。……器具的可靠性才给这素朴的世界带来安全，保证了大地无限延展的自由。"[19] 问题在于：不但农妇并不关心"可靠性"，而且她靠着日常经验，甚至于靠着知识和科学，也关心不了"可靠性"。传统哲学和科学都触及不了这种"可靠性"。那么如何来了解这种"可靠性"？海德格尔认为，只有通过艺术作品，器具的"可靠性"才可能得到体验。海德格尔主要以关于凡·高的农鞋画的诗意经验，以及上引关于希腊神庙的精致描写，来解说这一点。[20]

　　海德格尔把"作品"提高到了一个决定性的高度：我们只有通过"作品"才能体验器具的存在，甚至于一般事物的存在。"我们绝对无法直接认识物之物因

19　M. Heidegger, Holzwege, Frankfurt a.M. 1980, S.19.

20　M. Heidegger, Holzwege, Frankfurt a.M. 1980, S.18-19, S. 27-28.

素，即使可能认识，那也是不确定的认识，也需要作品的帮助。"[21] 因为事物的自在存在是在"世界境域"中显现出来的，而"世界境域"则是"天空"与"大地"两大区域的发生和运动。艺术作品正是对"世界境域"的开启和确立。

如上所述，海德格尔说作品的两大存在特征是"建立一个世界"和"制造大地"。海氏也把这种开启和确立叫做"存在者之真理"的发生方式。在此意义上，海氏把艺术的本质规定为：存在者之真理自行设置入作品中。[22] 真理在艺术作品中现身为"天空"与"大地"的"争执"。而所谓艺术创作，就是让作为"天地之争"的真理在"形象"或"形态"（Gestalt）中"固定"下来——如是"固定"下来遂成就"作品"。[23]

如果允许把事情简化一些，我们就可以把海德格尔的想法表达为这样一个洞识："物"乃天地之间一"造化"，而天地之"争"是由"作品"（Kunstwerk）而得以固定的。正因此，我们只有借助于"作品"才能认识物的物性存在。[24] 而以这种思路去设想艺术作品，去理解作为"作品"的艺术，我们会有何种启发，作何感想？

三、艺术的空间性

艺术是存在者之真理的发生方式之一，"作品"是对"天"与"地"两个世界区域的开启和确定，从而具有一种存在性的或者本原性的意义。这个想法是

21　M. Heidegger, Holzwege, Frankfurt a.M. 1980, S.56.

22　M. Heidegger, Holzwege, Frankfurt a.M. 1980, S.21.

23　M. Heidegger, Holzwege, Frankfurt a.M. 1980, S.56。以上讨论可详见孙周兴：《一种非对象性的思与言是如何可能的？》，载《中国现象学与哲学评论》第三辑，上海译文出版社，2001年，第30页。

24　20世纪50年代，海德格尔更进一步深化，或者可以说修正了他的这个思想。他认识到，借助于作品，从艺术道路接近物的自在存在是一个方向，但显然不是唯一的方向，除此之外，"思想"可能是另一条基本的道路。

很玄妙的。而这一想法，实际上也已经透露了海德格尔对于"空间"问题的新理解，一种现象学式的理解。

如果说前期海德格尔更多地关注了"时间"问题，那么对后期海德格尔来说，"空间"问题就成了一个特别显赫的课题。

空间问题与时间问题一样令人费解。奥古斯丁说：什么是时间？没人问我，我还是懂的，有人问我，我就茫然了。空间亦然。晚年海德格尔曾作奇异短文《艺术与空间》（1969年），开篇即引亚里士多德的一句话："空间看来乃是某种很强大又很难把捉的东西。"[25]

虽然已经有了爱因斯坦的相对论，但我们今天的日常空间概念仍旧是近代物理学的，就是把空间看作真空中固态物体的聚合。海德格尔认为现代空间观念是抽象的结果。"从作为间隔的空间中还可以提取出长度、高度和深度上各个纯粹的向度。这种如此这般被抽取出来的东西，即拉丁语的abstractum［抽象物］，我们把它表象为三个维度的纯粹多样性。不过，这种多样性所设置的空间也不再由距离来规定，不再是一个spatium［空间、距离］，而是extensio，即延展。但作为extensio［延展、广延］的空间还可以被抽象，被抽象为解析—代数学的关系。这些关系所设置的空间，乃是对那种具有任意多维度的多样性的纯粹数学构造的可能性。"[26]

海德格尔把这种抽象的空间（即牛顿那里的"绝对空间"），在数学上被设置的空间，称为"这个"空间（"der"Raum），也就是广延、延展（extensio）意义上的物理—数学空间，是牛顿—笛卡尔的空间。在《艺术与空间》一文中，海德格尔也把"这个"空间称为"技术物理空间"。[27]

"这个"空间（"der"Raum）有何特性呢？它根本上可以说是没有"特性"的。它一无所有，是"寒冷、空无的虚空"。海德格尔说，"这个"空间

---

25 亚里士多德：《物理学》第四章，212a8；参看中译本，张竹明译，商务印书馆，1982年，第103页。

26 海德格尔：《演讲与论文集》，中译本，孙周兴译，生活·读书·新知三联书店，2005年，第164页。

27 孙周兴选编：《海德格尔选集》上卷，上海三联书店，1996年，第483页。

并不包含诸空间和场地（die Räume und Plätze），我们在其中找不到"位置"（Ort），找不到这种"物"。"这个"空间是纯粹、单一、空虚的，其中毫无内容。然而海德格尔认为，"这个"空间并不是原始的，而是衍生的、派生的。

海德格尔把原初意义上的空间叫作"诸空间"或"多样空间"（die Räume），用的是复数。从词源上讲，"空间"一词的古老意义并非纯粹广延意义上的"这个"空间（即物理—数学空间），"空间"（Raum）即Rum，意味着"为定居和宿营而空出的场地"——这是"空间"的原初意义。一个空间乃是某种被设置的东西，被释放到一个"边界"（即希腊文的πέρας［边界、界限］）中的东西。所谓"边界"并不是通常人们设想的某物停止的地方，相反地，倒是某物赖以开始其本质的那个东西。亚里士多德还把"空间"称为"包容着物体的边界"（τόπος πέρας τοῦ περιέχοντος σώματος ἀκίνητον）。[28] 可见在亚里士多德那里也还没有形成近代科学意义上的抽象空间。

"空间"是"多"而不是"一"，不是一个被抽象、被纯化的虚空。直言之，海德格尔在此区分了"多"与"一"，"诸空间"与"这个"空间，可以说就是具体空间与抽象空间。通常人们会认为"一"是"多"的起源，一生多，唯一的"这个"空间是"多样空间"的源头。海德格尔的看法刚好倒了过来。"在由位置所设置的诸空间中，总是有作为间隔的空间，而且在这种间隔中，又总有作为纯粹延展的空间。"[29]

海德格尔所讲的"空间"——"多样空间"——始终是与人之存在（栖居）相关联的，因此才是"多"的空间。空间既非外在对象，也非内在体验，而是人所"经受"和"承受"的空间。"只是因为人经受着诸空间，他们才能穿行于诸空间中。"人总是已经在逗留于位置和物，因而总是已经经受着空间，而这种"总是已经"乃是人穿行于空间的前提。如此我们才能理解海德格尔的下述玄秘讲法：当我走向这个演讲大厅的出口处，我已经在那里了；倘若我不是在那里的

28　亚里士多德：《物理学》第四章，212a5；参看中译本，张竹明译，商务印书馆，1982年，第103页。

29　海德格尔：《演讲与论文集》，中译本，孙周兴译，生活·读书·新知三联书店，2005年，第164页。

话，我就根本不能走过去。[30] 这话听起来像是鬼话，但这是海德格尔自始就有的一个思想境界：存在关系先于知识关系或者其他什么关系；而就空间问题而言，就可以说，存在性的位置—空间优先于技术物理空间。

海德格尔在此讲到了"位置"（Ort）。什么是"位置"呢？海德格尔所谓"位置"还不是通常所讲的"地点"，而是指物的聚集作用发生之所。比如架在河流上的一座桥，桥出现之前当然已经有许多个地点，但通过桥才出现一个"位置"，或者说，通过桥，其中有一个地点作为"位置"而出现了，这个"位置"为世界诸元素提供场所，把世界诸元素聚集起来。而所谓世界诸元素，海德格尔概括为"天、地、神、人"四重整体。

海德格尔的描写令人吃惊：一座桥架在河上，把大地聚集为河流四周的风景；桥也为无常的天气变化做好了准备；桥为终有一死的人提供了道路；桥这种通道也把终有一死者带向诸神之美妙。因此，"桥以其方式把天、地、神、人聚集于自身"。[31] 海德格尔指出，在古德语中，"物"（thing）的意思就是"聚集"。桥这个"物"就是对"四重整体"的聚集。"桥是一个物，它聚集着四重整体，但它乃是以那种为四重整体提供一个场所的方式聚集着四重整体。根据这个场所，一个空间由之得以被设置起来的那些场地和道路才得到了规定。……以这种方式成为位置的物向来首先提供出诸空间。"所以海德格尔认为，"诸空间"是从"诸位置"那里而不是从"这个"空间那里获得其本质的；而且相反地，"物理技术空间唯从某个地带的诸位置之运作而来才展开自身"。[32]

在相应的语境里，海德格尔谈到"筑造"（Bauen）的作用："由于筑造建立着位置，它便是对诸空间的一种创设和接合。因为筑造生产出位置，所以随着对这些位置的诸空间的接合，必然也有作为spatium［空间、距离］和extensio

---

30　海德格尔：《演讲与论文集》，中译本，孙周兴译，生活·读书·新知三联书店，2005年，第166页。

31　海德格尔：《演讲与论文集》，中译本，孙周兴译，生活·读书·新知三联书店，2005年，第161页。

32　海德格尔：《艺术与空间》，载孙周兴选编：《海德格尔选集》上卷，上海三联书店，1996年，第486页。

［延展、广延］的空间进入建筑物的物性构造中。……筑造建立位置，位置为四重整体设置一个场地。从天、地、神、人相互共属的纯一性中，筑造获得它对位置的建立的指令。从四重整体中，筑造接受一切对向来由被创设的位置所设置的诸空间的测度和测量的标准。"[33]

我们愿意把问题弄得简单一些："筑造"——一般而言即是"创作"（Poiesis）——建立具有聚集作用的物，也就是作为"位置"的物，作为"位置"的物为世界"四重整体"提供场所，从而把"四重整体"聚集起来，也就是为"四重整体"设置空间。"物—位置"意义上的空间不是单数的"这个"空间（"der"Raum），亦即不是"广延"意义上的空间（海德格尔也称之为"数学上被设置的空间"或"技术物理空间"），而是海德格尔在"天、地、神、人"之"四重整体"意义上所思的复数的"诸空间"或者"多样空间"。人在天地之间"筑造"，生产"物"，建立"位置"，创设天地之间活生生的具体的"诸空间"——此即所谓："筑造"是对诸空间的一种创设和接合。

四、艺术现象学与当代艺术问题

上面我们已经围绕艺术的"本源性""真理性""空间性"三个主题，探讨了从海德格尔出发的艺术现象学的基本问题。最后我要来谈谈当代艺术问题，意在提出问题：艺术现象学如何对当代艺术问题做出反应？

当代艺术的处境和形势极其复杂，它是从19世纪中后期开始的现代主义艺术思潮的接续，是对古典艺术规定性的强烈反叛。我们知道，古典的艺术概念（定义）是在希腊成型的。究其基本，大致分为三项：一是摹仿论，艺术"响应"（"摹仿"）自然；二是艺术的揭示作用——艺术乃是"使不可见者成为可见的"；三是艺术是高超的手艺（τέχνη），艺术总是跟"手工"相联系的，艺术

---

33 海德格尔：《演讲与论文集》，中译本，孙周兴译，生活·读书·新知三联书店，2005年，第167页。

家可谓得道"高手"。这三项可以简化为：摹仿、创新、手艺。我认为这是古典（传统）艺术概念的三个基本元素，不可或缺。其中"摹仿"（μίμησις）较容易引起误解，它其实是一种对于自然（事物）的态度，一种协助、尊重、应合的态度，而非后来（近代以来）占主导的对象性态度。

文艺复兴以后的近代艺术虽然已开始走上了主观化的道路，但它仍旧怀着一种古典的理想，因为文艺复兴本身就是要复兴古典（希腊）的艺术和哲学。一直到19世纪中后期，近代艺术才转换到了我们所讲的"现代艺术"或"现代主义艺术"。正是从这个时期开始，经过工业革命、全球性的技术化进程，人类物质环境发生了巨大的变化，精神世界（人文艺术世界）受到严重挤压，各民族文化以宗教为核心的传统价值体系受到前所未有的动摇，形成了全方位的文化变局和文化断裂。从时间上讲，这个时期出现的艺术被叫作"现代主义艺术"，而大战后更出现后现代主义思潮，形成了更加多元的现代／当代艺术类型。

与古典艺术相对照，我认为现代／当代艺术有以下几个主要特点：

1. 颠覆了古典（传统）的艺术概念。艺术失去了边界，艺术定义（边界）越来越趋于模糊。什么是艺术，什么不是艺术？虽然在任何时代这都是个问题，但在今天却特别地成了一个十分棘手的问题。

2. 观念化与非手工化倾向。现代／当代艺术已经远离了古典的艺术概念τέχνη，不再强调艺术的手工性质，而越来越表现出观念化、追求奇思巧智的倾向。今天所谓的装置艺术、行为艺术、综合艺术等，虽然形态各异，但实质上均有观念化的倾向。

3. 主体化与对事物的强暴。现代／当代艺术成了技术—工业的同谋，失去了对事物、材料和环境的应有尊重，而是采取了对事物、对自然的敌对态度，或者如尼采所说的，采取一种"残暴"姿态。

4. 作品普遍意义的缺失与作品解释的困难。与上列几点相关，现代／当代艺术因为失去了自身的规定性，就不再有确定的意义认同的可能性，从而造成了作品鉴赏、接受、阐释方面的前所未有的困难。

5. 艺术越来越成了商业性制度运作的产物。特别是在当代艺术领域里，什么作品和作品如何是无所谓的，关键是要看"谁"做的，而这个"谁"则是通过一个商业性的制度来设计和运作的。这一点也许最能表现出当代艺术"趋时附势"的特征。

以上几点构成现代／当代艺术的总体情势，一种混乱而嘈杂的以"艺术"为名义的表演杂烩。但必须指出的是，我们无意对现代／当代艺术做拒斥的和消极的表态——在物质环境和人类心智状态发生了深刻变化的今天，简单地否定现代／当代艺术，以及艺术家们在材料、观念、样式和技巧等方面的探索，显然是不够的，是没有意义的。况且即便在我们今天的时代里，仍然不乏有觉悟和有承担的艺术家，正在进行艰难的艺术思考和艺术探索。

若从思想史和艺术史的交织和互动来看，现代／当代艺术实际上面临着一种与当代思想相同的两难形势，即：一方面要在存在学意义上质疑对象的自在持存性和坚固性，另一方面又要在知识学意义上否定自我的先验明证性和确定性。在这种双重的动摇中，我们既可以看到当代思想的困境，也可以看到现代／当代艺术创作失于无度和轻率的根源。

问题也可以表达为：后哲学的哲思是如何可能的？[34] 以及，后艺术的艺术创作是如何可能的？进一步的问题是，后哲学的哲思与后艺术的艺术之间可能和应该有何种关系？如果说现象学，特别是后胡塞尔的现象学是一种后哲学（后存在学——后知识学）的哲思尝试，那么，艺术现象学的探索也可以说是一种后艺术的艺术创作和艺术思考的努力，目的是要在不确定的"对象"与同样不确定的"自我"之间重新寻找一种新的艺术构成方式，以及一种新的艺术理解（思考）方式。

海德格尔曾经把我们时代的思想问题说成是一个后形而上学和后哲学的问题，即一种非对象性和非客体化的思想与表达是否可能，以及如何可能的问题。[35]那么，我们是不是也能够说，艺术现象学的问题也是一个后形而上学和后美学的问题，即：非对象性的艺术创作是否可能，以及如何可能的问题呢？

34　有关这个课题的讨论，可参看拙文："后哲学的哲学问题"，载《中国社会科学》，2006年第5期。

35　海德格尔：《路标》，克劳斯特曼出版社，美茵法兰克福，1996年，第68页；参看中译本，孙周兴译，商务印书馆，2001年，第75页。

艺术作品的本源（1935 ／ 1936 年）[1、2]

　　本源[3]一词在此指的是，一个事物从何而来，通过什么它是其所是并且如其所是。某个东西如其所是地是什么，我们称之为它的本质。某个东西的本源就是它的本质之源。对艺术作品之本源的追问就是追问艺术作品的本质之源。按照通常的想法，作品来自艺术家的活动，是通过艺术家的活动而产生的。但艺术家又是通过什么、从何而来成其为艺术家的呢？[4]通过作品；因为一件作品给作者带来了声誉，这就是说：唯有作品才使艺术家以一位艺术大师的身份出现。艺术家是作品的本源。作品是艺术家的本源。彼此不可或缺。但任何一方都不能全部包含了另一方。无论就它们本身还是就两者的关系来说，艺术家与作品向来都是通过一个第三者而存在的；这个第三者乃是第一位的，它使艺术家和艺术作品获得各自的名称。这个第三者就是艺术。

1　译文根据海德格尔：《林中路》（Holzwege），《全集》第5卷，维多里奥·克劳斯特曼出版社，美茵法兰克福，1994年；中译本由上海译文出版社2004年出版（修订版）。眼下这个中译本为修订本，修订内容包括：一、对全部译文重新校改；二、改动了少数关键术语的译法，如"本有"（Ereignis，原译为"大道"）、"集置"（Ge-stell，原译为"座架"）等；三、补译了《全集》版（以及单行本新版）中出现的"作者边注"，即海德格尔加在其样书上的旁注。——译注

2　1960年雷克拉姆版：此项尝试（1935/1937年）依照对"真理"这个名称的不当使用（表示被克制的澄明与被照亮者）来说是不充分的。参看《路标》第268页，"黑格尔与希腊人"一文；《面向思想的事情》，第77页注，"哲学的终结与思想的任务"。——艺术：在本有（Ereignis）中被使用的自行遮蔽之澄明的产生（Her-vor-bringen）——进入构形（Ge-bild）之庇护。——作者边注
产生与构形：参看"语言与家乡"，《从思的经验而来》。——作者边注

3　1960年雷克拉姆版：关于"本源"（Ursprung）的谈论易致误解。——作者边注

4　1960年雷克拉姆版：艺术家之所是。——作者边注

正如艺术家必然地以某种方式成为作品的本源，其方式不同于作品之为艺术家的本源，同样地，艺术也以另一种不同的方式确凿无疑地同时成为艺术家和作品的本源。但艺术竟能成为一个本源吗？哪里以及如何有艺术呢？艺术，它只不过是一个词语而已，再也没有任何现实事物与之对应。它可以被看作一个集合观念，我们把仅从艺术而来才是现实的东西，即作品和艺术家，置于这个集合观念之中。即使艺术这个词语所标示的意义超过了一个集合观念，艺术这个词语的意思恐怕也只有在作品和艺术家的现实性的基础上才能存在。抑或，事情恰恰相反？唯当[5] 艺术存在，而且是作为作品和艺术家的本源而存在之际，才有作品和艺术家吗？

无论怎样做出决断，关于艺术作品之本源的问题都势必成为艺术之本质的问题。可是，因为艺术究竟是否存在及如何存在的问题必然还是悬而未决的，所以，我们将尝试在艺术无可置疑地起现实作用的地方寻找艺术的本质。艺术在艺术——作品中成就本质。但什么以及如何是一件艺术作品呢？

什么是艺术？这应当从作品那里获得答案。什么是作品？我们只能从艺术的本质那里经验到。任何人都能觉察到，我们这是在绕圈子。通常的理智要求我们避免这种循环，因为它是与逻辑相抵悟的。人们认为，艺术是什么，可以从我们对现有艺术作品的比较考察中获知。而如果我们事先并不知道艺术是什么，我们又如何确认我们这种考察是以艺术作品为基础的呢？但是，与通过对现有艺术作品的特性的收集一样，我们从更高级的概念做推演，也是同样得不到艺术的本质的；因为这种推演事先也已经看到了那样一些规定性，这些规定性必然足以把我们事先就认为是艺术作品的东西呈现给我们。可见，从现有作品中收集特性和从基本原理中进行推演，在此同样都是不可能的；若在哪里这样做了，也是一种自欺欺人。

因此，我们就不得不绕圈子了。这并非权宜之计，也不是什么缺憾。踏上这条道路，乃思想的力量；保持在这条道路上，乃思想的节日——假设思想是一种

5　1960年雷克拉姆版：有艺术（Es die Kunst gibt）。——作者边注

行业的话。不仅从作品到艺术和从艺术到作品的主要步骤是一种循环，而且我们所尝试的每一个具体步骤，也都在这种循环之中兜圈子。

为了找到在作品中真正起着支配作用的艺术的本质，我们还是来探究一下现实的作品，追问一下作品：作品是什么以及如何是。

艺术作品是人人熟悉的。在公共场所，在教堂和住宅里，我们可以见到建筑作品和雕塑作品。在博物馆和展览馆里，安放着不同时代和不同民族的艺术作品。如果我们根据这些作品的未经触及的现实性去看待它们，同时又至于自欺欺人的话，那就显而易见：这些作品与通常事物一样，也是自然现存的。一幅画挂在墙上，就像一支猎枪或者一顶帽子挂在墙上。一幅油画，比如凡·高那幅描绘一双农鞋的油画，就从一个画展转到另一个画展。人们运送作品，犹如从鲁尔区运送煤炭，从黑森林运送木材。在战役期间，士兵们把荷尔德林的赞美诗与清洁用具一起放在背包里。贝多芬的四重奏存放在出版社仓库里，与地窖里的马铃薯无异。

所有作品都具有这样一种物因素（das Dinghafte）。倘若它们没有这种物因素会是什么呢？但是，我们也许不满于这种颇为粗俗和肤浅的作品观点。发货人或者博物馆清洁女工可能会以此种关于艺术作品的观念活动。但我们却必须根据艺术作品如何与体验和享受它们的人们相遭遇的情况来看待它们。可是，即便人们经常引证的审美体验也摆脱不了艺术作品的物因素：在建筑作品中有石质的东西，在木刻作品中有木质的东西，在绘画中有色彩的东西，在语言作品中有话音，在音乐作品中有声响。在艺术作品中，物因素是如此稳固，以至我们毋宁反过来说：建筑作品存在于石头里，木刻作品存在于木头里，油画在色彩里存在，语言作品在话音里存在，音乐作品在音响里存在。这是不言而喻的嘛——人们会回答。确然，但艺术作品中这种不言自明的物因素究竟是什么呢？

对这种物因素的追问兴许是多余的、引起混乱的，因为艺术作品除了物因素之外还有某种别的东西。其中这种别的东西构成艺术因素。诚然，艺术作品是一种制作的物，但它还道出了某种别的东西，不同于纯然的物本身，即ἄλλο ἀγο-ρεύει。作品还把别的东西公之于世，它把这个别的东西敞开出来；所以作品就是比喻。在艺术作品中，制作物还与这个别的东西结合在一起了。"结合"在希腊文中叫作συμβάλλειν。作品就是符号。[6]

比喻和符号给出一个观念框架，长期以来，人们对艺术作品的描绘就活动在这个观念框架的视角中。不过，作品中唯一的使某个别的东西敞开出来的东西，这个把某个别的东西结合起来的东西，乃是艺术作品中的物因素。看起来，艺术作品中的物因素差不多像是一个屋基，那个别的东西和本真的东西就筑居于其上。而且，艺术家以他的手工活所真正制造出来的，不就是作品中的这样一种物因素吗？

我们要找到艺术作品的直接而丰满的现实性；因为只有这样，我们才能在艺术作品中发现真实的艺术。可见我们首先必须把作品的物因素收入眼帘。为此我们就必须充分清晰地知道物是什么。只有这样，我们才能说，艺术作品是不是一个物，是不是还有别的东西附着于这个物之上；只有这样，我们才能做出决断，作品从根本而言是不是某个别的东西而绝不是一个物。

物与作品

物之为物，究竟是什么呢？当我们这样发问时，我们是想要认识物之存在（即物性，die Dingheit）。要紧的是对物之物因素的经验。为此，我们就必须了解我们长期以来以"物"这个名称来称呼的所有那些存在者所归属的领域。

路边的石头是一件物，田野上的泥块也是一件物。瓦罐是一件物，路旁的水井也是一件物。但罐中的牛奶和井里的水又是怎么回事呢？如果把天上白云、田间蓟草、秋风中的落叶、森林上空的苍鹰都名正言顺地叫作物的话，那么，牛奶和水当然也是物。实际上，所有这一切都必须被称为物，哪怕是那些不像上面所述的东西那样显示自身的东西，也即并不显现的东西，人们也冠以物的名字。这种本身并不显现的物，即一种"自在之物"，例如按照康德的看法，就是世界整

6　此处"符号"（Symbol）亦可译作"象征"。　——译注

体，这样一种物甚至就是上帝本身。在哲学语言中，自在之物和显现出来的物，根本上存在着的一切存在者，统统被叫作物。

在今天，飞机和电话固然是与我们最切近的物了，但当我们意指终极之物时，我们却在想完全不同的东西。终极之物，那是死亡和审判。总的说来，物这个词语在这里是指任何全然不是虚无的东西。根据这个意义，艺术作品也是一种物，只要它终归是某种存在者。可是，这种关于物的概念对我们的意图至少没有直接的帮助。我们的意图是把具有物之存在方式的存在者与具有作品之存在方式的存在者划分开来。此外，把上帝叫作一个物，也一再让我们大有顾忌。同样地，把田地上的农夫、锅炉前的火夫、学校里的教师视为一种物，也是令我们犹豫的。人可不是物啊。诚然，对于一个遇到过度任务的小姑娘，我们把她叫作还太年少的小东西，[7] 但之所以这样，只是因为在这里，我们发觉人的存在在某种程度上已经丢失，以为宁可去寻找那构成物之物因素的东西了。我们甚至不能贸然地把森林和旷野里的鹿，草木丛中的甲虫和草叶称为一个物。我们宁愿认为锤子、鞋子、斧子、钟是一个物。但甚至连这些东西也不是一个纯然的物。纯然的物在我们看来只有石头、土块、木头，自然和用具中无生命的东西。自然物和使用之物，就是我们通常所谓的物。

于是，我们看到自己从一切皆物（物＝res＝ens＝存在者），包括最高的和终极的东西也是物这样一个最广的范围，回到纯然的物这个狭小区域里来了。在这里，"纯然"一词一方面是指：径直就是物的纯粹之物，此外无他。另一方面，"纯然"也指：只在一种差不多带有贬义的意思上还是物。纯然的物，甚至排除了用物，被视为本真的物。那么，这种本真的物的物因素基于何处呢？物的物性只有根据这种物才能得到规定。这种规定使我们有可能把物因素本身标画出来。有了这样的准备，我们就能够标画出作品的那种几乎可以触摸的现实性，标画出其中还隐含着的别的东西。

7　此处"东西"原文为Ding，即上下文出现的"物"。——译注

现在，一个众所周知的事实是：自古以来，只要"存在者究竟是什么"的问题被提了出来，在其物性中的物就总是作为赋予尺度的存在者而一再地突现出来。据此，我们就必定已经在对存在者的传统解释中与关于物之物性的界定相遇了。所以，为了消除自己对物之物因素的探求的枯燥辛劳，我们只需明确地获取这种留传下来的关于物的知识就行了。关于物是什么这个问题的答案在某种程度上是我们熟悉的，我们不认为其中还有什么值得追问的东西。

对物之物性的各种解释在西方思想进程中起着支配作用，它们早已成为不言自明的了，今天还在日常中被使用。这些解释可以概括为三种。

例如，这块花岗岩石是一个纯然的物。它坚硬、沉重、有长度、硕大、不规则、粗糙、有色、部分黯淡、部分光亮。我们能发觉这块岩石的所有这些因素。我们把它们当作这块岩石的识别特征。而这些特征其实意味着这块岩石本身所具有的东西。它们就是这块岩石的固有特性。这个物具有这些特性。物？我们现在意指物时，我们想到的是什么呢？显然，物决不光是特征的集合，也不是这些特征的集合由以出现的各种特性的堆积。人人都自以为知道，物就是那个把诸特性聚集起来的东西。进而，人们就来谈论物的内核。希腊人据说已经把这个内核称为τὸ ὑποκείμενον［基体、基底］了。当然，在他们看来，物的这个内核乃是作为根基、并且总是已经呈放在眼前的东西。而物的特征则被叫作τὰ συμβεβηκότα，[8]即总是也已经与那个向来呈放者一道出现和产生的东西。

这些称法并不是什么任意的名称，其中道出了希腊人关于在场状态（Anwesenheit）意义上的存在者之存在的基本经验。这是我们在这里不再能表明的了。而通过这些规定，此后关于物之物性的决定性解释才得以奠基，西方对存在者之存在的解释才得以固定下来。这种解释始于罗马—拉丁思想对希腊词语的吸取。ὑποκείμενον［基体、基底］成了subiectum［主体］；ὑπόστασις［呈放者］成了substantia［实体］；συμβεβηκός［特征］成了accidens［属性］。这样一种从希腊名称向拉丁语的翻译绝不是一件毫无后果的事情——确实，直到今天，也

8　后世以"属性"（accidens）译之，见下文的讨论。——译注

还有人认为它是无后果的。毋宁说，在似乎是字面上的、因而具有保存作用的翻译背后，隐藏着希腊经验向另一种思维方式的转渡。[9] 罗马思想接受了希腊的词语，却没有继承相应的同样原始的由这些词语所道出来的经验，即没有继承希腊人的话。[10] 西方思想的无根基状态即始于这种转渡。

按照流行的意见，把物之物性规定为具有诸属性的实体，似乎与我们关于物的素朴观点相吻合。毫不奇怪，流行的对物的态度，也即对物的称呼和关于物的谈论，也是以这种关于物的通常观点为尺度的。简单陈述句由主语和谓语构成，主语一词是希腊文ύποκείμενον［基体、基底］一词的拉丁文翻译，既为翻译，也就有了转义；谓语所陈述的则是物之特征。谁敢撼动物与命题，命题结构与物的结构之间的这样一种简单明了的基本关系呢？然而，我们却必须追问：简单陈述句的结构（主语与谓语的联结）是物的结构（实体与属性的统一）的映像吗？或者，如此这般展现出来的物的结构竟是根据命题框架被设计出来的吗？

人把自己在陈述中把握物的方式转嫁到物自身的结构上去——还有什么比这更容易理解的呢？不过，在发表这个似乎有批判性却十分草率的意见之前，我们首先还必须弄明白，如果物还是不可见的，那么这种把命题结构转嫁到物上面的做法是如何可能的。谁是第一位和决定性的，是命题结构还是物的结构？这个问题直到眼下还没有得到解决。甚至，以此形态出现的问题究竟是否可以解决，也还是令人起疑的。

从根本上来说，既不是命题结构给出了勾画物之结构的标准，物之结构也不可能在命题结构中简单地得到反映。就其本性和其可能的交互关系而言，命题结构和物的结构两者具有一个共同的更为原始的根源。总之，对物之物性的第一种解释，即认为物是其特征的载体，不管它多么流行，终究还是没有像它自己所标

9　德语动词übersetzen作为可分动词，有"摆渡、渡河"之意；作为不可分动词，有"翻译、改写"之意。海德格尔在此突出该词的前一含义，我们权译之为"转渡"。"翻译"不只是字面改写，而是思想的"转渡"。——译注

10　在海德格尔看来，罗马—拉丁思想对希腊思想的"翻译"只是字面上对希腊之词语（复数的Wörter）的接受，而没有真正吸收希腊思想的内涵，即希腊的"话"（单数的Wort）。——译注

榜的那样朴素自然。让我们觉得朴素自然的，兴许仅只是一种因长久的习惯而习以为常的东西，而这种习惯却遗忘了它赖以产生的异乎寻常的东西。然而，正是这种异乎寻常的东西一度作为令人诧异的东西震惊了人们，并且使思想惊讶不已。

对这种流行的物之解释的信赖只是表面看来是凿凿有据的。此外，这个物的概念（物是它的特征的载体）不仅适合于纯然的和本真的物，而且适合于任何存在者。因而，这个物的概念也从来不能帮助人们把物性的存在者与非物性的存在者区分开来。但在所有这些思考之前，有物之领域内的清醒逗留已经告诉我们，这个物之概念没有切中物之物因素，没有切中物的根本要素和自足特性。偶尔，我们甚至有这样一种感觉，即：也许长期以来物之物因素已经遭受了强暴，并且思想参与了这种强暴，因为人们坚决拒绝思想而不是努力使思想更具思之品性。但是，在规定物之本质时，如果只有思想才有权言说，那么，一种依然如此肯定的感觉应该是什么呢？不过，也许我们在这里和在类似情形下称之为感觉或情绪的东西，是更为理性的，亦即更具有知觉作用的，因而比所有理性（Vernunft）更向存在敞开；而这所有的理性此间已经成了ratio［理智］，被理智地误解了。[11] 在这里，对非一理智的垂涎，作为未经思想的理智的怪胎，帮了古怪的忙。诚然，这个流行的物之概念在任何时候都适合于任何物，但它把握不了本质地现身的物，反倒是扰乱了它。

这样一种扰乱或能避免吗？如何避免呢？大概只有这样：我们给予物仿佛一个自由的区域，以便它直接地显示出它的物因素。首先我们必须排除所有会在对物的理解和陈述中跻身到物与我们之间的东西，唯有这样，我们才能沉浸于物的无伪装的在场（Anwesen）。但是，这种与物的直接遭遇，既不需要我们去索求，也不需要我们去安排。它早就发生着。在视觉、听觉和触觉当中，在对色彩、声响、粗糙、坚硬的感觉中，物——完全在字面上说——逼迫着我们。物是 αἰσθητόν［感性之物］，即：在感性的感官中通过感觉可以感知的东西。由此，

11　德文的Vernunft（理性）与拉丁文的ratio（理智）通常是对译的两个词语，海德格尔在这里却对两词作了区分。——译注

后来那个物的概念就变得流行起来了，按照这个概念，物无非是感官上被给予的多样性之统一体。至于这个统一体是被理解为全体，还是整体或者形式，都丝毫没有改变这个物的概念的决定性特征。

于是，这种关于物之物性的解释，如同前一种解释一样，也是正确的和可证实的。这就足以令人怀疑它的真实性了。如果我们再考虑到我们所寻求的物之物因素，那么，这个物的概念就又使我们无所适从了。我们从未首先并且根本地在物的显现中感受到一种感觉的涌逼，例如乐音和噪音的涌逼——正如这种物之概念所断言的那样；而不如说，我们听到狂风在烟囱上呼啸，我们听到三马达的飞机，我们听到与鹰牌汽车迥然不同的奔驰汽车。物本身要比所有感觉更切近于我们。我们在屋子里听到敲门，但我们从未听到听觉的感觉，或者哪怕是纯然的嘈杂声。为了听到一种纯然的嘈杂声，我们必须远离物来听，使我们的耳朵离开物，也即抽象地听。[12]

在我们眼下所说的这个物的概念中，并没有多么强烈的对物的扰乱，而倒是有一种过分的企图，要使物以一种最大可能的直接性接近我们。但只要我们把在感觉上感知的东西当作物的物因素赋予物，那么，物就决不会满足上述企图。第一种关于物的解释仿佛使我们与物保持着距离，而且把物挪得老远；而第二种解释则过于使我们为物所纠缠了。在这两种解释中，物都消失不见了。因此，确实需要避免这两种解释的夸大。物本身必须保持在它的自持（Insichruhen）中。物应该置于它本己的坚固性中。这似乎是第三种解释所为，而这第三种解释与上面所说的两种解释同样古老。

给物以持久性和坚固性的东西，同样也是引起物的感性涌逼方式的东西，即色彩、声响、硬度、大小，是物的质料。把物规定为质料（ὕλη），同时也就已

12　人与物之间首先是一种"存在关系"（人总是已经寓于物而存在），而后才是一种"认识关系"（人通过感觉去把握事物），故海德格尔说，人首先"听"汽车，而不是首先听"汽车的声音"。汽车比我们所感觉的汽车声更切近于我们。这种超出"知识关系"的实存论存在学层面上的思考，在《存在与时间》中即已成型。特别可参看海德格尔：《存在与时间》，中译本，陈嘉映、王庆节译，生活·读书·新知三联书店，1987年，第163—164页。——译注

经设定了形式（μορφή）。物的持久性，即物的坚固性，就在于质料与形式的结合。物是具有形式的质料。这种物的解释要求直接观察，凭这种观察，物就通过其外观（εἶδος）关涉于我们。有了质料与形式的综合，人们终于寻获了一个物的概念，它对自然物和用具物都是很适合的。

这个物的概念使我们能够回答艺术作品中的物因素问题。作品中的物因素显然就是构成作品的质料。质料是艺术家创造活动的基底和领域。但我们本可以立即就得出这个明了的、众所周知的观点。我们为什么要在其他流行的物的概念上兜圈子呢？那是因为，我们对这个物的概念，即把物当作具有形式的质料的概念，也是有怀疑的。

可是，在我们活动于其中的领域内，质料—形式这对概念不是常用的吗？确然。质料与形式的区分，而且以各个不同的变式，绝对是所有艺术理论和美学的概念图式。不过，这一无可争辩的事实却并不能证明形式与质料的区分是有充足根据的，也不证明这种区分原始地属于艺术和艺术作品的领域。再者，长期以来，这对概念的使用范围已经远远地越出了美学领域。形式与内容是无论什么东西都可以归入其中的笼统概念。甚至，即使人们把形式称作理性而把质料归于非理性，把理性当作逻辑而把非理性当作非逻辑，甚或把主体—客体关系与形式—质料这对概念结合在一起，这种表象（Vorstellen）仍然具有一种无物能抵抗得了的概念机制。

然而，如果质料与形式的区分的情形就是如此，我们又该怎样借助于这种区分，去把握与其他存在者相区别的纯然物的特殊领域呢？或许，只消我们取消这些概念的扩张和空洞化，根据质料与形式来进行的这样一种标画就能重新赢得它的规定性力量。确实如此；但这却是有条件的，其条件就是：我们必须知道，它是在存在者的哪个领域中实现其真正的规定性力量的。说这个领域是纯然物的领域，这到眼下为止还只是一个假定而已。指出这一概念结构在美学中的大量运用，这或许更能带来这样一种想法，即认为：质料与形式是艺术作品之本质的原生规定性，并且只有从此出发才反过来被转嫁到物上去。质料—形式结构的本源在哪里呢？在物之物因素中呢，还是在艺术作品的作品因素之中？

自持的花岗岩石块是一种质料，它具有一种尽管笨拙但却确定的形式。在这里，形式意指诸质料部分的空间位置分布和排列，此种分布和排列带来一个特殊的轮廓，也即一个块状的轮廓。但是，罐、斧、鞋等，也是处于某种形式当中的质料。在这里，作为轮廓的形式并非一种质料分布的结果。相反地，倒是形式规定了质料的安排。不止于此，形式甚至先行规定了质料的种类和选择：罐要有不渗透性，斧要有足够的硬度，鞋要坚固同时具有柔韧性。此外，在这里起支配作用的形式与质料的交织首先就从罐、斧和鞋的用途方面被处置好了。这种有用性（Dienlichkeit）从来不是事后才被指派和加给罐、斧、鞋这类存在者的。但它也不是作为某种目的而四处飘浮于存在者之上的什么东西。

有用性是一种基本特征，由于这种基本特征，这个存在者便凝视我们，亦即闪现于我们面前，并因而现身在场，从而成为这种存在者。不光是赋形活动，而且随着赋形活动而先行给定的质料选择，因而还有质料与形式的结构的统治地位，都建基于这种有用性之中。服从有用性的存在者，总是制作过程的产品。这种产品被制作为用于什么的器具（Zeug）。因而，作为存在者的规定性，质料和形式就寓身于器具的本质之中。器具这一名称指的是为了使用和需要所特别制造出来的东西。质料和形式绝不是纯然物的物性的原始规定性。

器具，比如鞋具吧，作为完成了的器具，也像纯然物那样，是自持的；但它并不像花岗岩石块那样具有那种自生性[13]。另一方面，器具也显示出一种与艺术作品的亲缘关系，因为器具也出自人的手工。而艺术作品由于其自足的在场却又堪与自身构形的不受任何压迫的纯然物相比较。尽管如此，我们并不把作品归入纯然物一类。我们周围的用具物毫无例外地是最切近和本真的物。于是，器具既是物，因为它被有用性所规定，但又不只是物；器具同时又是艺术作品，但又要逊色于艺术作品，因为它没有艺术作品的自足性。假如允许做一种计算性排列的话，我们可以说，器具在物与作品之间有一种独特的中间地位。

而质料—形式结构，由于它首先规定了器具的存在，就很容易被看作任何存在者的直接可理解的状态，因为在这里从事制作的人本身已经参与进来了，也即

13　原文为Eigenwüchsiges，或可译为"自身构形特性"。——译注

参与了一个器具进入其存在（Sein）[14] 的方式。由于器具拥有一个介于纯然物和作品之间的中间地位，因而人们很自然地想到，借助于器具存在（质料—形式结构）也可以掌握非器具性的存在者，即物和作品，甚至一切存在者。

不过，把质料—形式结构视为任何一个存在者的这种状态的倾向，还受到了一个特殊的推动，这就是：事先根据一种信仰，即圣经的信仰，把存在者整体表象为受造物，在这里也就是被制作出来的东西。虽然这种信仰的哲学能使我们确信上帝的全部创造作用完全不同于工匠的活动，但如果同时甚或先行就根据托马斯主义哲学对于圣经解释的信仰的先行规定，从materia［质料］和forma［形式］的统一方面来思考ens creatun［受造物］，那么，这种信仰就是从一种哲学那里得到解释的，而这种哲学的真理乃基于存在者的一种无蔽状态，后者不同于信仰所相信的世界。[15]

建基于信仰的创造观念，虽然现在可能丧失了它在认识存在者整体这回事情上的主导力量，但是一度付诸实行的、从一种外来哲学中移植过来的对一切存在者的神学解释，亦即根据质料和形式的世界观，却仍然保持着它的力量。这是在中世纪到近代的过渡期发生的事情。近代形而上学也建基于这种具有中世纪特征的形式—质料结构之上，只是这个结构本身在字面上还要回溯到εἶδος［外观、爱多斯］和ὕλη［质料］的已被掩埋起来的本质那里。因此，根据质料和形式来解释物，不论这种解释仍旧是中世纪的还是成为康德先验论的，总之它已经成了流行的自明的解释了。但正因为如此，它便与上述的另外两种物之物性的解释毫无二致，也是对物之物存在（Dingsein）的扰乱。

光是由于我们把本真的物称为纯然物，就已经泄露了实情。"纯然"毕竟意味着对有用性和制作特性的排除。纯然物是一种器具，尽管是被剥夺了其器具存在的器具。物之存在就在于此后尚留剩下来的东西。但这种剩余没有在其存在特

14　1960年雷克拉姆版：（走向其）进入其在场状态（Anwesenheit）。——作者边注

15　1950年第一版：1. 圣经的创世信仰；2. 因果性的和存在者状态上的托马斯主义解释；3. 对ὄν（存在者）的原始的亚里士多德解释。——作者边注

性方面得到专门规定。物之物因素是否在排除所有器具因素的过程中有朝一日显露出来，这还是一个疑问。因此，物之解释的第三种方式，亦即以质料—形式结构为线索的解释方式，也终于表现为对物的一种扰乱。

上面三种对物性的规定方式把物理解为特征的载体、感觉多样性的统一体和具有形式的质料。在关于存在者之真理的历史进程中，这三种解释还有互相重合的时候，不过这一点我们可以暂且按下不表。在这种重合中，它们加强了各自固有的扩张过程，以至于它们同样地成了对物、器具和作品有效的规定方式。于是，从中产生出一种思维方式，我们不仅特别地根据这种思维方式去思考物、器具和作品，而且也一般地根据这种思维方式去思考一切存在者。这种久已变得流行的思维方式抢先于一切有关存在者的直接经验。这种先入之见阻碍着对当下存在者之存在的沉思。这样一来，流行的关于物的概念既阻碍了人们去发现物之物因素，也阻碍了人们去发现器具之器具因素，尤其是阻碍了人们对作品之作品因素的探究。

这一事实说明为什么我们必须知道上面这些关于物的概念，为的是在这种知道中思索这些关于物的概念的来源以及它们无度的僭越，但也是为了思索它们的自明性的假象。而当我们冒险一试，尝试考察和表达出物之物因素、器具之器具因素、作品之作品因素时，这种知道就愈加必需了。但为此只需做到一点，那就是：防止上述思维方式的先入之见和无端滥用，比如，让物在其物之存在中憩息于自身。还有什么比让存在者保持原样的存在者显得更轻松的呢？抑或，以这样一个任务，我们是不是面临着最为艰难的事情，尤其是当这样一个意图——即让存在者如其所是地存在——与那种为了一个未经检验的存在概念而背弃存在者的漠然态度相对立时？我们应该回归到存在者那里，根据存在者之存在来思考存在者本身，而与此同时通过这种思考又使存在者憩息于自身。

看起来，在对物之物性的规定中，上面这种思想努力遇到了最大的阻力；因为上述种种尝试失败的原因不就在这里吗？毫不显眼的物最为顽强地躲避思想。或者，纯然物的这样一种自行抑制，这样一种憩息于自身中的无所促逼的状态，恰恰就应当属于物的本质吗？那么，难道物之本质中那种令人诧异的和封闭的东西，对于一种试图思考物的思想来说就必定不会成为亲熟的东西吗？如果是这样，那我们就不可强求一条通往物之物因素的道路了。

对物之物性的道说特别艰难而稀罕。对于这一点，我们前面挑明的对物之物性的解释的历史已经是一个可靠的证据了。这一历史也就是那种命运（Schick-sal），西方思想迄今都是依此命运去思考存在者之存在的。不过，我们现在不仅要确定这一点。我们同时要在这种历史中获取一种暗示。在物之解释中，那种以质料与形式为引线的解释具有一种特殊的支配地位，这难道是偶然的吗？这种物之规定起于一种对器具之器具存在的解释。器具这种存在者以一种特殊的方式靠近于人的表象，因为它是通过我们自己的制作而进入存在的。同时，这种以其存在而更显亲熟的存在者，即器具，就在物与作品之间具有一个特别的中间地位。我们将循着这一暗示，首先寻找器具之器具因素。也许我们由此可以对物之物因素和作品之作品因素有所领悟。我们只是须得避免过早地使物和作品成为器具的变种。但我们也要撇开这样一种可能性，即，甚至在器具的存在方式中也还有本质性的差异起着支配作用。

然而，哪条道路通向器具之器具因素呢？我们应当如何经验器具事实上是什么？现在必需的做法显然是必须消除那些立即又会带来通常解释的无端滥用的企图。对此，如果我们不用某种哲学理论而径直去描绘一个器具，那就最为保险了。

作为例子，我们选择一个常见的器具：一双农鞋。为了对它作出描绘，我们甚至无需展示这样一种用具的实物。对，人人都知道它。但由于在这里事关一种直接描绘，所以可能最好是为直观认识提供点方便。为了这种帮助，有一种形象的展示就够了。为此我们选择了凡·高的一幅著名油画。凡·高多次画过这种鞋具。但鞋具有什么看头呢？人人都知道鞋是什么东西？如果不是木鞋或者树皮鞋的话，我们在鞋上就可以看到用麻线和钉子连在一起的牛皮鞋底和鞋帮。这种器具是用来裹脚的。鞋或用于田间劳动，或用于翩翩起舞，根据不同的有用性，它们的质料和形式也不同。

此类正确的说明只是解说了我们已经知道的事情而已。器具的器具存在就在于它的有用性。可是，这种有用性本身的情形又怎样呢？我们已经能用有用性来把握器具之器具因素吗？为了做到这一点，难道我们不必从其用途上查找有用的器具吗？田间农妇穿着鞋子。只有在这里，鞋才成其所是。农妇在劳动时对鞋思量越少，或者观看得越少，或者甚至感觉得越少，它们就越是真实地成其所是。农妇穿着鞋站着或者行走。鞋子就这样现实地发挥用途。必定是在这样一种器具使用过程中，我们真正遇到了器具因素。

与此相反，只要我们仅仅一般地想象一双鞋，或者甚至在图像中观看这双只是摆在那里的空空的无人使用的鞋，那我们将决不会经验到器具的器具存在实际上是什么。根据凡·高的画，我们甚至不能确定这双鞋是放在哪里的。[16] 这双农鞋可能的用处和归属毫无透露，只是一个不确定的空间而已。上面甚至连田地里或者田野小路上的泥浆也没有粘带一点，后者本来至少可以暗示出这双农鞋的用途的。只是一双农鞋，此外无他。然而——

从鞋具磨损的内部那黑洞洞的敞口中，凝聚着劳动步履的艰辛。这硬邦邦、沉甸甸的破旧农鞋里，聚积着那寒风陡峭中迈动在一望无际的永远单调的田垄上的步履的坚韧和滞缓。鞋皮上粘着湿润而肥沃的泥土。暮色降临，这双鞋底在田野小径上踽踽而行。在这鞋具里，回响着大地无声的召唤，显示着大地对成熟谷物的宁静馈赠，表征着大地在冬闲的荒芜田野里朦胧的冬冥。这器具浸透着对面包的稳靠性无怨无艾的焦虑，以及那战胜了贫困的无言喜悦，隐含着分娩阵痛时的哆嗦，死亡逼近时的战栗。这器具属于大·地·（Erde），它在农妇的世·界·（Welt）里得到保存。正是由于这种保存的归属关系，器具本身才得以出现而得以自持。[17]

然而，我们也许只有在这个画出来的鞋具上才能看到所有这一切。相反，农妇就径直穿着这双鞋。倘若这种径直穿着果真如此简单就好了。暮色黄昏，农妇在一种滞重而健康的疲惫中脱下鞋子；晨曦初露，农妇又把手伸向它们；或者在节日里，农妇把它们弃于一旁。每当此时，未经观察和打量，农妇就知道那一切。虽然器具的器具存在就在其有用性中，但这种有用性本身又植根于器具的一

16　1960年雷克拉姆版：以及它们是属于谁的。——作者边注

17　此段译文引自刘小枫：《诗化哲学》，山东人民出版社，1986年，第229页，稍有改动。也参看中文节译本，载李普曼编：《当代美学》，邓鹏译，光明日报出版社，1986年，第385页。——译注

凡·高　1853—1890年

种本质性存在的丰富性中。我们称之为可靠性（Verläßlichkeit）。借助于这种可靠性，农妇通过这个器具而被置入大地的无声召唤之中；借助于器具的可靠性，农妇才对自己的世界有了把握。世界和大地为她而在此，也为与她相随以她的方式存在的人们而在此，只是这样在此存在：[18] 在器具中。我们说"只是"，在这里是令人误解的；因为器具的可靠性才给这单朴的世界带来安全，并且保证了大地无限延展的自由。

器具之器具存在，即可靠性，按照物的不同方式和范围把一切物聚集于一体。不过，器具的有用性只不过是可靠性的本质后果。有用性在可靠性中漂浮。要是没有可靠性就没有有用性。具体的器具会用旧用废；而与此同时，使用本身也变成了无用，逐渐损耗，变得寻常无殊。于是，器具之存在进入萎缩过程中，沦为纯然的器具。器具之存在的这样一种萎缩过程也就是可靠性的消失过程。也正是由于这一消失过程，用物才获得了它们那种无聊而生厌的惯常性，不过，这一过程更多地也只是对器具存在的原始本质的一个证明。器具的磨损的惯常性作为器具唯一的、表面上看来为其所特有的存在方式突现出来。现在，只还有枯燥无味的有用性才是可见的。它唤起一种假象，即：器具的本源在于纯然的制作过程中，制作过程才赋予某种质料以形式。可是，器具在其真正的器具存在中远不只是如此。质料与形式以及两者的区别有着更深的本源。

自持的器具的宁静就在可靠性之中。只有在可靠性之中，我们才能发现器具实际上是什么。但对于我们首先所探寻的东西，即物之物因素，我们仍然茫然无知。尤其对于我们真正的、唯一的探索目的，即艺术作品意义上的作品的作品因素，我们就更是一无所知了。

或者，是否我们眼下在无意间，可说是顺带地，已经对作品的作品存在有了一鳞半爪的经验呢？

我们已经寻获了器具的器具存在，但又是如何寻获的呢？不是通过对一个真实摆在那里的鞋具的描绘和解释，不是通过对制鞋工序的讲述，也不是通过对张

18　1960年雷克拉姆版："在此……存在"等于：在场（anwesend）。——作者边注

凡·高　一双鞋子　布面油画　37.5cm×45cm　1886年　阿姆斯特丹凡·高美术馆藏

三李四实际使用鞋具过程的观察，而只是通过对凡·高的一幅画的观赏。这幅画道出了一切。走近这个作品，我们突然进入了另一个天地，其况味全然不同于我们惯常的存在。

艺术作品使我们懂得了鞋具实际上是什么。倘若我们以为我们的描绘是一种主观活动，已经如此这般勾勒好了一切，然后再把它置于画上，那就是最为糟糕的自欺了。如果说这里有什么值得起疑的地方的话，那就只有一点，即：我们站在作品近处经验得太过肤浅了，对自己的经验的言说太过粗陋和简单了。但首要地，这部作品并不像起初使人感觉的那样，仅只为了使人更好地目睹一个器具是什么。倒不如说，通过这个作品，也只有在这个作品中，器具的器具存在才专门显露出来了。

在这里发生了什么呢？在这作品中有什么东西在发挥作用呢？凡·高的油画揭开了这个器具即一双农鞋实际上是什么。这个存在者进入它的存在之无蔽之中。希腊人把存在者之无蔽状态命名为ἀλήθεια。我们说真理，但对这个词语少有足够的思索。在作品中，要是存在者是什么和存在者如何是被开启出来，也就有了作品中的真理的发生。

在艺术作品中，存在者之真理已经自行设置入作品中了。在这里，"设置"（Setzen）说的是：带向持立。一个存在者，一双农鞋，在作品中走进了它的存在的光亮中。存在者之存在进入其闪耀的恒定中了。

那么，艺术的本质或许就是：存在者的真理自行设置入作品。[19] 可是迄今为止，人们都一直认为艺术是与美的东西或美有关的，而与真理毫不相干。产生这类作品的艺术，亦被称为美的艺术，以区别于生产器具的手工艺。在美的艺术中，并不是说艺术就是美的，它之所以被叫作美的，是因为它产生美。相反，真理归于逻辑，而美留给了美学。

抑或，艺术即真理自行设置入作品这一命题竟会使那个已经过时的观点，即那个认为艺术是现实的模仿和反映的观点，卷土重来吗？诚然，对现存事物的再现要求那种与存在者的符合一致，要求以存在者为衡度；在中世纪，人们说的是adaequatio［符合］；而亚里士多德早就说过ὁμοίωσις［肖似］。长期以来，与存在者的符合一致被视为真理的本质。但我们是不是认为凡·高的那幅画描绘了一双现存的农鞋，而且是因为把它描绘得惟妙惟肖，才成为一件作品的呢？我们是不是认为这幅画把现实事物描摹下来，并且把现实事物移置到艺术家生产的一个产品中去呢？绝对不是。

也就是说，作品绝不是对那些时时现存手边的个别存在者的再现，恰恰相反，它是对物的普遍本质的再现。但这个普遍本质究竟何在，又如何存在，使得艺术作品能与之符合一致呢？一座希腊神庙竟与哪个物的何种本质相符合呢？谁

19　德语原文为：das Sich-ins-Werk-Setzen der Wahrheit des Seienden。——译注

敢断言神庙的理念在这个建筑作品中得到表现是不可能的呢？而且实际上，只要它是一件艺术作品，那么在这件艺术作品中，真理就已设置入其中了。或者让我们来想一想荷尔德林的赞美诗《莱茵河》吧。诗人在此事先得到了什么，又是如何得到的，使得他进而能在诗中把它再现出来呢？要是荷尔德林这首赞美诗或其他类似的诗作仍不能说明现实与艺术作品之间的描摹关系，那么，另一部作品，即迈耶尔[20]的《罗马喷泉》一诗，似乎最好地证明那种认为作品描摹现实的观点。

罗马喷泉

水柱升腾又倾注

盈盈充满大理石圆盘，

渐渐消隐又流溢

落入第二层圆盘；

第二层充盈而给予，

更有第三层拂扬涌流，

层层圆盘，同时接纳又奉献

激流不止又泰然仁息。

可这首诗既不是对实际现存的喷泉的诗意描画，也不是对罗马喷泉的普遍本质的再现。但真理却已经设置入作品中了。何种真理在作品中发生呢？真理当真能发生并且如此历史性地存在吗？而人们倒是说，真理乃是某种无时间的和超时间的东西。

我们寻求艺术作品的现实性，是为了实际地找到在其中起支配作用的艺术。物性的根基已经被表明为作品最切近的现实。而为了把握这种物性因素，传统的

20　迈耶尔（Conrad Ferdinand Meyer，1825—1898）：瑞士德语作家。——译注

此处名词 Geschehnis 在日常德语中意谓"事件、事变"，其动词形式 geschehen 意谓"发生、出现"。海德格尔在此强调的是"存在之真理"的动词性生成和展开。为从字面区别起见，我们且以"生发"译 das Geschehnis；而动词 geschehen 和动名词 Geschehen 则被译为"发生"。——译注

物的概念却是不够的；因为这些概念本身就错失了物因素的本质。流行的物的概念把物规定为有形式的质料，这根本就不是出自物的本质，而是出于器具的本质。我们也已经表明，长期以来，在对存在者的解释中，器具存在一直占据着一种独特的优先地位。这种过去未得到专门思考的器具存在的优先地位暗示我们，要在避开流行解释的前提下重新追问器具因素。

我们曾通过一件作品告诉自己器具是什么。由此，在作品中发挥作用的东西也几乎不露痕迹地显现出来，那就是在其存在中的存在者的开启，亦即真理之生发。[21] 而现在，如果作品的现实性只能通过在作品中起作用的东西来规定的话，那么，我们在艺术作品的现实性中寻获现实的艺术作品这样一个意图的情形如何呢？只要我们首先在那种物性的根基中猜度作品的现实性，那我们就误入歧途了。现在，我们站在我们的思索的一个值得注意的成果面前——如果我们还可以称之为成果的话。有两点已经清楚了：

第一，把握作品中的物因素的手段，即流行的物概念，是不充分的。

第二，我们意图借此当作作品最切近的现实性来把握的东西，即物性的根基，并不以此方式归属于作品。

一旦我们在作品中针对这样一种物性的根基，我们实际上已经不知不觉地把这件作品当作一个器具了，我们此外还在这个器具上准予建立一座包含着艺术成分的上层建筑。不过，作品并不是一个器具，一个此外还配置有某种附着于其上的审美价值的器具。作品丝毫不是这种东西，正如纯然物是一个仅仅缺少真正的器具特征即有用性和制作过程的器具。

我们对于作品的追问已经受到了动摇，因为我们并没有追问作品，而是时而追问一个物时而追问一个器具。不过，这并不是才由我们发展出来的追问。它是美学的追问态度。美学预先考察艺术作品的方式服从于对一切存在者的传统解

21　1960年雷克拉姆版：来自本有的真理（Wahrheit aus Ereignis）！——作者边注

释的统治。然而，动摇这种习惯的追问态度并不是本质性的。关键在于我们首先
要开启一道眼光，看到下面这一点，即：只有当我们去思考存在者之存在之际，
作品之作品因素、器具之器具因素和物之物因素才会接近我们。为此就必须预先
拆除自以为是的障碍，把流行的虚假概念置于一边。因此我们不得不走了一段弯
路。但这段弯路同时也使我们上了路，有可能把我们引向一种对作品中的物因素
的规定。作品中的物因素是不能否定的，但如果这种物因素归属于作品之作品存
在，那么，我们就必须根据作品因素来思考它。如果是这样，则通向对作品的物
性现实性的规定的道路，就不是从物到作品，而是从作品到物了。

艺术作品以自己的方式开启存在者之存在。在作品中发生着这样一种开启，
也即解蔽（Entbergen），也就是存在者之真理。在艺术作品中，存在者之真理自
行设置入作品中了。艺术就是真理自行设置入作品中。那么，这种不时作为艺术
而发生（ereignet）[22] 的真理本身是什么呢？这种"自行设置入作品"（Sich-ins-
Werk-Setzen）又是什么呢？

作品与真理

艺术作品的本源是艺术。但什么是艺术呢？在艺术作品中，艺术是现实的。
因此，我们首先要寻求作品的现实性。这种现实性何在呢？艺术作品概无例外地
显示出物因素，虽然方式各不相同。借助于惯常的物概念来把握作品的这样一种
物之特征的尝试，已经失败了。这不光是因为此类物概念不能把捉物因素，而且
是因为我们通过对其物性根基的追问，把作品逼入了一种先入之见，从而阻断了
我们理解作品之作品存在的通路。只要作品的纯粹自立还没有清楚地得到显示，

22　后期海德格尔经常把德文名词"本质"（das Wesen）作动词化处理，以动词wesen来表示存在（以
及真理、语言等）的现身、出场、运作。我们译之为"成其本质"，亦可作"现身"或"本质化"。
——译注

则作品的物因素是决不能得到判定的。

然则作品本身在某个时候是可通达的吗？为了成功地做到这一点，或许就有必要使作品从它与自身以外的东西的所有关联中解脱出来，从而让作品仅仅自为地依据于自身。而艺术家最本己的意旨就在于此。作品要通过艺术家而释放出来，达到它纯粹的自立。正是在伟大的艺术中（我们在此只谈论这种艺术），艺术家与作品相比才是某种无关紧要的东西，他就像一条为了作品的产生而在创作中自我消亡的通道。

作品本身就这样摆和挂在陈列馆和展览厅中。然而，作品在那里自在地就是它们本身所是吗？或者，它们在那里倒不如说是艺术行业的对象？作品乃是为了满足公众和个人的艺术享受的。官方机构负责照料和保护作品。鉴赏家和批评家也忙碌于作品。艺术交易操劳于市场。艺术史研究把作品当作科学的对象。然而，在所有这些繁忙折腾中，我们能遇到作品本身吗？

在慕尼黑博物馆里的《埃吉纳》群雕，索福克勒斯的《安提戈涅》的最佳校勘本，作为其所是的作品已经脱离了它们自身的本质空间。不管这些作品的名望和感染力还是多么巨大，不管它们被保护得多么完好，人们对它们的解释是多么准确，它们被移置到一个博物馆里，它们也就远离了其自身的世界。但即使我们努力中止和避免这种对作品的移置，例如在原地探访波塞冬神庙，在原处探访班贝克大教堂，现存作品的世界也已经颓落了。

世界之抽离和世界之颓落再也不可逆转。作品不再是原先曾是的作品。虽然作品本身是我们在那里所遇见的，但它们本身却是曾在之物（die Gewesenen）。作为曾在之物，作品在承传和保存的领域内面对我们。从此以后，作品就一味地只是这种对象。它们面对我们，虽然还是先前自立的结果，但不再是这种自立本身了。这种自立已经从作品那里逃逸了。所有艺术行业，哪怕它被抬高到极致，哪怕它的一切活动都以作品本身为轴心，它始终只能达到作品的对象存在。但这种对象存在并不构成作品之作品存在。

然而，如果作品处于任何一种关系之外，那它还是作品吗？作品处于关系之中，这难道不是作品的本性吗？当然是的。只是还要追问：作品处于何种关系之中？

一件作品何所属？作品之为作品，唯属于作品本身开启出来的领域。因为

作品的作品存在是在这种开启中成其本质的，而且仅只在这种开启中成其本质
（wesen）。我们曾说，真理之生发在作品中起作用。我们对凡·高的油画的提示
试图道出这种真理的生发。有鉴于此，才出现了什么是真理和真理如何可能发生
这样的问题。

现在，我们在对作品的观照中来追问真理问题。但为了使我们对处于问题中
的东西更熟悉些，有必要重新澄清作品中的真理的生发。针对这种意图，我们有
意选择了一部不属于表现性艺术的作品。

一件建筑作品并不描摹什么，比如一座希腊神庙。它单朴地置身于巨岩满布
的岩谷中。这个建筑作品包含着神的形象，并在这种隐蔽状态中，通过敞开的圆
柱式门厅让神的形象进入神圣的领域。贯通这座神庙，神在神庙中在场。神的这
种现身在场是在自身中对一个神圣领域的扩展和勾勒。但神庙及其领域却并非飘
浮于不确定性中。正是神庙作品才嵌合那些道路和关联的统一体，同时使这个统
一体聚集于自身周围；在这些道路和关联中，诞生和死亡，灾祸和福祉，胜利和
耻辱，忍耐和堕落——从人类存在那里获得了人类命运的形态。这些敞开的关联
所作用的范围，正是这个历史性民族的世界。出自这个世界并在这个世界中，这
个民族才回归到它自身，从而实现它的使命。

这个建筑作品阒然无声地屹立于岩地上。作品的这一屹立道出了岩石那种笨
拙而无所促迫的承受的幽秘。建筑作品阒然无声地承受着席卷而来的猛烈风暴，
因此才证明了风暴本身的强力。岩石的璀璨光芒看来只是太阳的恩赐，然而它却
使得白昼的光明、天空的辽阔、夜的幽暗显露出来。神庙坚固的耸立使得不可见
的大气空间昭然可睹了。作品的坚固性遥遥面对海潮的波涛起伏，由于它的泰然
宁静才显出了海潮的凶猛。树木和草地，兀鹰和公牛，长蛇和蟋蟀才进入它们突
出鲜明的形象中，从而显示为它们所是的东西。希腊人很早就把这种露面、涌现
本身和整体叫作Φύσις。[23] Φύσις［涌现、自然］同时也照亮了人在其上和其中赖

23　希腊文 Φύσις 通译为"自然"，而依海德格尔之见，Φύσις 是生成性的，本意应解作"出现""涌
现"（aufgehen）等。——译注

古希腊巴特农神庙　建于公元前447—前432年

以筑居的东西。我们称之为大地（Erde）。在这里，大地一词所说的，既与关于堆积在那里的质料体的观念相去甚远，也与关于一个行星的宇宙观念格格不入。大地是一切涌现者的返身隐匿之所，并且是作为这样一种把一切涌现者返身隐匿起来的涌现。在涌现者中，大地现身而为庇护者（das Bergende）。

　　神庙作品阒然无声地开启着世界，同时把这世界重又置回到大地之中。如此这般，大地本身才作为家园般的基地而露面。但人和动物、植物和物，从来就不是作为恒定不变的对象，不是现成的和熟悉的，从而可以附带地把对神庙来说适宜的周遭表现出来。此神庙有朝一日也成为现身在场的东西。如果我们把一切倒转过来[24] 思考一切，我们倒是更切近于所是的真相；当然，这是有前提的，即：我们要事先看到一切如何不同地转向我们。纯然为倒转而倒转，是不会有什么结果的。

神庙在其阒然无声的矗立中才赋予物以外貌，才赋予人类以关于他们自身的展望。只要这个作品是作品，只要神还没有从这个作品那里逃逸，那么，这种视界就总是敞开的。[25] 神的雕像的情形亦然，这种雕像往往被奉献给竞赛中的胜利者。它并非人们为了更容易认识神的形象而制作的肖像；它是一部作品，这部作品使得神本身现身在场，因而就是（ist）神本身。相同的情形也适合于语言作品。在悲剧中并不表演和展示什么，而是进行着新神反抗旧神的斗争。由于语言作品产生于民众的言语，因而它不是谈论这种斗争，而是改换着民众的言说，从而使得每个本质性的词语都从事着这种斗争并且作出决断：什么是神圣，什么是凡俗；什么是伟大，什么是渺小；什么是勇敢，什么是怯懦；什么是高贵，什么是粗俗；什么是主人，什么是奴隶（参看赫拉克利特，残篇第53）。

那么，作品之作品存在何在呢？在对刚才十分粗略地揭示出来的东西的不断展望中，我们首先对作品的两个本质特征该是较为明晰了。这里，我们是从早就为人们所熟悉了的作品存在的表面特征出发的，亦即是从作品存在的物因素出发的；我们通常对付作品的态度就是以物因素为立足点的。

要是一件作品被安放在博物馆或展览厅里，我们会说，作品被建立（aufstellen）了。但是，这种建立与一件建筑作品的建造意义上的建立，与一座雕像的树立意义上的建立，与节日庆典中悲剧的表演意义上的建立，是大相径庭的。这种建立乃是奉献和赞美意义上的树立。这里的"建立"不再意味着纯然的设置。在建立作品时，神圣者作为神圣者开启出来，神被召唤入其现身在场的敞开之中；在此意义上，奉献就是神圣者之献祭（heiligen）。赞美属于奉献，它是对神的尊

24　1960年雷克拉姆版：倒转过来——往何处呢？——作者边注

25　注意此处"外貌"（Gesicht）、"展望"（Aussicht）和"视界"（Sicht）之间字面的和意义的联系。——译注

严和光辉的颂扬。尊严和光辉并非神之外和神之后的特性，不如说，神就在尊严中，在光辉中现身在场。我们所谓的世界，在神之光辉的反照中发出光芒，亦即光亮起来。树立（Er-richten）意味着：把在指引尺度意义上的公正性开启出来；而作为指引尺度，是本质性因素给出了指引。但为什么作品的建立是一种奉献着—赞美着的树立呢？因为作品在其作品存在中就要求如此。作品是如何要求这样一种建立的呢？因为作品本身在其作品存在中就是有所建立的。而作品之为作品建立什么呢？作品在自身中突现着，开启出一个世·界·，并且在运作中永远守持这个世界。

作品存在就是建立一个世界。但这个世界是什么呢？其实，当我们谈论神庙时，我们已经说明了这个问题。只有在我们这里所走的道路上，世界之本质才得以显示出来。甚至这种显示也局限于一种抵制，即抵制那种起初会把我们对世界之本质的洞察引入迷途的东西。

世界并非现成的可数或不可数的、熟悉或不熟悉的物的单纯聚合。但世界也不是一个加上了我们对现成事物之总和的表象的想象框架。世·界·世·界·化·，[26] 它比我们自认为十分亲近的可把握和可觉知的东西更具存在特性。世界绝不是立身于我们面前、能够让我们细细打量的对象。只要诞生与死亡、祝福与诅咒的轨道不断地使我们进入存在，[27] 世界就始终是非对象性的东西，而我们人始终隶属于它。在我们的历史的本质性决断发生之处，在这些本质性决断为我们所采纳和离弃，误解和重新追问的地方，世界世界化。石头是无世界的。植物和动物同样也是没有世界的；它们落入一个环境，属于一个环境中掩蔽了的涌动的杂群。与此相反，农妇却有一个世界，因为她逗留于存在者之敞开领域中。器具以其可靠性给予这个世界一种自身的必然性和切近。由于一个世界敞开出米，所有的物都获得了自己的快慢、远近、大小。在世界化中，那种广袤（Geräumigkeit）聚集起

26　"世界世界化"（Welt weltet）是海德格尔的一个独特表述，也可译为"世界世界着"或者"世界世界起来"。相类的表述还有："存在是、存在存在"（Sein ist）、"无不、无无化"（Nichts nichtet）、"时间时间化"（Zeit zeitigt）和"空间空间化"（Raum rumt）等。

27　1960年雷克拉姆版：此之在（Da-sein）。1957年第三版：本有（Ereignis）。——作者边注

来；由此广袤而来，诸神有所保存的恩宠得到了赠予或者拒绝。甚至那上帝缺席的厄运也是世界世界化的一种方式。

因为一件作品是作品，它就为那种广袤设置空间。"为……设置空间"（einräumen）在此特别意味着：开放敞开领域之自由，并且在其结构中设置这种自由。这种设置出于上面所说的树立。作品之为作品建立一个世界。作品张开了世界之敞开领域。但是，建立一个世界仅仅是这里要说的作品之作品存在的本质特性之一。至于另一个与此相关的本质特性，我们将用同样的方式从作品的显突因素那里探个明白。

一件作品从这种或者那种作品材料那里，诸如从石头、木料、铁块、颜料、语言、声音等那里，被创作出来，我们也说，它由此被制造（herstellen）出来。然而，正如作品要求一种在奉献着—赞美着的树立意义上的建立，因为作品的作品存在就在于建立一个世界，同样地，制造也是必不可少的，因为作品的作品存在本身就具有制造的特性。作品之为作品，本质上是有所制造的。但作品制造什么呢？关于这一点，只有当我们追究了作品的表面的、通常所谓的制造，我们才会有所了解。

作品存在包含着一个世界的建立。在此种规定的视界内来看，在作品中哪些本质是人们通常称之为作品材料的东西呢？器具由有用性和适用性所决定，它选取适用的质料并由这种质料组成。石头被用来制作器具，比如制作一把石斧。石头于是消失在有用性中。质料愈是优良愈是适宜，它也就愈无抵抗地消失在器具的器具存在中。而与此相反，神庙作品由于建立一个世界，它并没有使质料消失，倒是才使质料出现，而且使它出现在作品的世界的敞开领域之中：岩石能够承载和持守，并因而才成其为岩石；金属闪烁，颜料发光，声音朗朗可听，词语得以言说。[28] 所有这一切得以出现，都是由于作品把自身置回到石头的硕大和沉重、木头的坚硬和韧性、金属的刚硬和光泽、颜料的明暗、声音的音调和词语的命名力量之中。

28　1960年雷克拉姆版：吐露、言说。——作者边注

作品回归之处，作品在这种自身回归中让其出现的东西，我们曾称之为大地。大地乃是涌现着—庇护着的东西。大地是无所促迫的无碍无累和不屈不挠的东西。立于大地之上并在大地之中，历史性的人类建立了他们在世界之中的栖居。由于建立一个世界，作品制造大地。[29] 在这里，我们应该从这个词的严格意义上来思制造。[30] 作品把大地本身挪入一个世界的敞开领域中，并使之保持于其中。作品让[31] 大地是[32] 大地。[33]

作品把自身置回到大地中，大地被制造出来。但为什么这种制造必须这样发生呢？什么是大地——恰恰以这种方式进入无蔽领域的大地呢？石头负荷并且显示其沉重。这种沉重向我们压来，它同时却拒绝我们向它穿透。要是我们砸碎石头而试图穿透它，石头的碎块却决不会显示出任何内在的和被开启的东西。石头很快就又隐回到其碎块的负荷和硕大的同样的阴沉之趣中去了。要是我们把石头放在天平上面，试图以这种不同的方式来把捉它，那么，我们只不过是把石头的沉重带入重量计算之中而已。这种对石头的规定或许是很准确的，但只是数字而已，而负荷却从我们这里逃之夭夭了。色彩闪烁发光而且唯求闪烁。要是我们自作聪明地加以测定，把色彩分解为波长数据，那色彩早就杳无踪迹了。只有当它尚未被揭示、未被解释之际，它才显示自身。因此，大地让任何对它的穿透在它本身那里破灭了。大地使任何纯粹计算式的胡搅蛮缠彻底幻灭了。虽然这种胡搅蛮缠以科学技术对自然的对象化的形态给自己罩上统治和进步的假象，但是，这种支配始终是意欲的昏晕无能。只有当大地作为本质上不可展开的东西被保持和保护之际——大地退遁于任何展开状态，亦即保持永远的锁闭——大地才敞开地澄亮了，才作为大地本身而显现出来。大地上的万物，亦即大地整体本身，汇聚

29　显然，海德格尔这里所谓"制造"（Herstellen）不是指对象性的对事物的加工制作。——译注

30　1960年雷克拉姆版：不充分。——作者边注

31　1960年雷克拉姆版：叫（heißt）？参看拙文"物"：四重整体（Ge-Viert）。——作者边注

32　1960年雷克拉姆版：本有（Ereignis）。——作者边注

33　此句原文为：Das Werk läßt die Erde eine Erde sein。——译注

于一种交响齐奏之中。不过，这种汇聚并非消逝。在这里流动的是自身持守的河流，这条河流的界线的设置，把每个在场者都限制在其在场中。因此，在任何一个自行锁闭的物中，有着相同的自不相识（Sich-nicht-Kennen）。大地是本质上自行锁闭者。制造大地意思就是：把作为自行锁闭者的大地带入敞开领域之中。

这种对大地的制造由作品来完成，因为作品把自身置回到大地之中。但大地的自行锁闭并非单一的、僵固的遮盖，而是自身展开到其质朴方式和形态的无限丰富性之中。虽然雕塑家使用石头的方式，仿佛与泥瓦匠与石头打交道并无二致。但雕塑家并不消耗石头；除非出现败作时，才可以在某种程度上说他消耗了石头。虽然画家也使用颜料，但他的使用并不是消耗颜料，倒是使颜料得以闪耀发光。虽然诗人也使用词语，但他不像通常讲话和书写的人们那样不得不消耗词语，倒不如说，词语经由诗人的使用，才成为并且保持为词语。

在作品中根本就没有作品质料的痕迹。甚至，在对器具的本质规定中，通过把器具标识为在其器具性本质之中的质料，这样做是否就切中了器具的构成因素，这一点也还是值得怀疑的。

建立一个世界和制造大地，乃是作品之作品存在的两个基本特征。当然，它们是休戚相关的，处于作品存在的统一体中。[34] 当我们思考作品的自立，力图道出那种自身持守（Aufsichberuhen）的紧密一体的宁静时，我们就是在寻找这个统一体。

可是，凭上述两个基本特征，即使有某种说服力，我们却毋宁说是在作品中指明一种发生（Geschehen），而绝不是一种宁静；因为宁静不是与运动对立的东西又是什么呢？但它绝不是排除了自身运动的那种对立，而是包含着自身运动的对立。唯有动荡不安的东西才能宁静下来。宁静的方式随运动的方式而定。在物体的单纯位移运动中，宁静无疑只是运动的极限情形。要是宁静包含着运动，那么就会有一种宁静，它是运动的内在聚合，也就是最高的动荡状态——假设这种运动方式要求这种宁静的话。而自持的作品就具有这种宁静。因此，当我们成功

34　1957年第三版：惟在此？或者这里只以被建造的方式。——作者边注

地在整体上把握了作品存在中的发生的运动状态，我们就切近于这种宁静了。我们要问：建立一个世界和制造大地在作品本身中显示出何种关系？

世界是自行公开的敞开状态，即在一个历史性民族的命运中单朴而本质性的决断的宽阔道路的自行公开的敞开状态（Offenheit）。大地是那永远自行锁闭者和如此这般的庇护者的无所促迫的涌现。世界和大地本质上彼此有别，但却相依为命。世界建基于大地，大地穿过世界而涌现出来。但是，世界与大地的关系绝不会萎缩成互不相干的对立之物的空洞的统一体。世界立身于大地；在这种立身中，世界力图超升于大地。世界不能容忍任何锁闭，因为它是自行公开的东西。而大地是庇护者，它总是倾向于把世界摄入它自身并且扣留在它自身之中。

世界与大地的对立是一种争执（Streit）。但由于我们老是把这种争执的本质与分歧、争辩混为一谈，并因此只把它看作紊乱和破坏，所以我们轻而易举地歪曲了这种争执的本质。然而，在本质性的争执中，争执者双方相互进入其本质的自我确立中。而本质之自我确立从来不是固执于某种偶然情形，而是投入本己存在之渊源的遮蔽了的原始性中。在争执中，一方超出自身包含着另一方。争执于是总是愈演愈烈，愈来愈成为争执本身。争执愈强烈地独自夸张自身，争执者也就愈加不屈不挠地纵身于质朴的恰如其分的亲密性（Innigkeit）之中。大地离不开世界之敞开领域，因为大地本身是在其自行锁闭的被解放的涌动中显现的。而世界不能飘然飞离大地，因为世界是一切根本性命运的具有决定作用的境地和道路，它把自身建基于一个坚固的基础之上。

由于作品建立一个世界并制造大地，故作品就是这种争执的诱因。但是，争执的发生并不是为了使作品把争执消除和平息在一种空泛的一致性中，而是为了使争执保持为一种争执。作品建立一个世界并制造大地，同时就完成了这种争执。作品之作品存在就在于世界与大地的争执的实现过程中。因为争执在亲密性之单朴性中达到其极致，所以在争执的实现过程中就出现了作品的统一体。争执的实现过程是作品运动状态的不断自行夸大的聚集。因而在争执的亲密性中，自持的作品的宁静就有了它的本质。

只有在作品的这种宁静中，我们才能看到，什么在作品中发挥作用。迄今为止，认为在艺术作品中真理被设置入作品的看法始终还是一个先入为主式的断言。真理究竟怎样在作品之作品存在中发生呢？也就是说：在世界与大地的争执的实现过程中，真理究竟是怎样发生的呢？什么是真理呢？

我们关于真理之本质的知识是那样微乎其微，愚钝不堪。这已经由一种漫不经心的态度所证明了；我们正是凭着这种漫不经心而肆意沉湎于对这个基本词语的使用。对于真理这个词，人们通常是指这个真理和那个真理，它意味着：某种真实的东西。这类东西据说是在某个命题中被表达出来的知识。可是，我们不光称一个命题是真的，我们也把一件东西叫作真的，譬如，与假金相区别的真金。在这里，"真的"（wahr）意指与真正的、实在的黄金一样多。而在此关于"实在之物"（das Wirkliche）的谈论意指什么呢？在我们看来，"实在之物"就是在真理中的存在者。[35] 真实就是与实在相符；而实在就是处于真理之中。这一循环又闭合了。

何谓"在真理之中"呢？真理是真实之本质。我们说"本质"，我们想的是什么呢？"本质"通常被看作是所有真实之物所共同拥有的特征。本质出现在类概念和普遍概念中，类概念和普遍概念表象出一个对杂多同样有效的"一"（das Eine）。但是，这种同样有效的本质（在essentia［本质］意义上的本质性）却不过是非本质性的本质。那么，某物的本质性的本质何在？大概它只在于在真理中的存在者的所是之中。一件东西的真正本质由它的真实存在所决定，由每个存在者的真理所决定。可是，我们现在要寻找的并不是本质的真理，而是真理的本质。这因此表现为一种荒谬的纠缠。这种纠缠仅只是一种奇怪现象吗？甚或，它只是概念游戏的空洞的诡辩？或者——竟是一个深渊吗？

真理意指真实之本质。我们要通过回忆一个希腊词语来思这一点。'Aλήθεια［无蔽］意味着存在者之无蔽状态。但这就是一种对真理之本质的规定吗？我们难道不是仅只做了一种词语用法的改变，也即用无蔽代替真理，以此标明一件实事吗？当然，只要我们不知道究竟必定发生了什么，才能迫使真理之本质必得在

35　此处"在真理中的存在者"原文为das in Wahrheit Seiende，或可译为"实际存在着的东西"。
——译注

"无蔽"一词中道出，那么，我们确实只是变换了一个名称而已。

为此需要革新希腊哲学吗？绝对不是的。哪怕这种不可能的革新竟成为可能，对我们也毫无助益；因为自其发端之日起，希腊哲学隐蔽的历史就没有保持与ἀλήθεια［无蔽］一词中赫然闪现的真理之本质相一致，同时不得不把关于真理之本质的知识和道说越来越置入对真理的一个派生本质的探讨中。作为ἀλήθεια［无蔽］的真理之本质在希腊思想中未曾得到思考，在后继时代的哲学中就更是理所当然地不受理会了。对思想而言，无蔽乃希腊式此在中遮蔽最深的东西，但同时也是早就开始规定着一切在场者之在场的东西。

但为什么我们就不能停留在千百年来我们已十分熟悉的真理之本质那里就算了呢？长期以来，一直到今天，真理便意味着知识与事实的符合一致。然而，要使认识以及构成并且表达知识的命题能够符合于事实，以便因此使事实事先能约束命题，事实本身却还必须显示出自身来。而要是事实本身不能出于遮蔽状态，要是事实本身并没有处于无蔽领域之中，它又如何能显示自身呢？命题之为真，乃是由于命题符合于无蔽之物，亦即与真实相一致。命题的真理始终是正确性（Richtigkeit），而且始终仅仅是正确性。自笛卡尔以降，真理的批判性概念都是以作为确定性（Gewißheit）的真理为出发点的，但这也只不过是那种把真理规定为正确性的真理概念的变形。我们对这种真理的本质十分熟悉，它亦即表象（Vorstellen）的正确性，完全与作为存在者之无蔽状态的真理一起沉浮。

如果我们在这里和在别处把真理把握为无蔽，我们并非仅仅是在对古希腊词语更准确的翻译中寻找避难之所。我们实际上是在思索流行的，因而也被滥用的那个在正确性意义上的真理之本质的基础是什么；这种真理的本质是未曾被经验和未曾被思考过的东西。偶尔我们只得承认，为了证明和理解某个陈述的正确性（即真理），我们自然要追溯到已经显而易见的东西那里。这种前提实在是无法避免的。只要我们这样来谈论和相信，那么，我们就始终只是把真理理解为正确性，它却还需要一个前提，而这个前提就是我们自己刚才所做的——天知道如何又是为何。

但是，并不是我们把存在者之无蔽状态设为前提，而是存在者之无蔽状态

（即存在[36]）把我们置入这样一种本质之中，以至于我们在我们的表象中总是已经被投入无蔽状态之中并且与这种无蔽状态亦步亦趋。不仅知识自身所指向的东西必须已经以某种方式是无蔽的，而且这一"指向某物"（Sichrichten nach etwas）的活动发生于其中的整个领域，以及同样地一种命题与事实的符合对之而公开化的那个东西，也必须已经作为整体发生于无蔽之中了。[37] 倘若不是存在者之无蔽状态已经把我们置入一种光亮领域[38]，而一切存在者就在这种光亮中站立起来，又从这种光亮那里撤回自身，那么，我们凭我们所有正确的观念，就可能一事无成，我们甚至也不能先行假定，我们所指向的东西已经显而易见了。

然而这是怎么回事呢？真理作为这种无蔽状态是如何发生的呢？这里我们首先必须更清晰地说明这种无蔽状态究竟是什么。

物存在，人存在；礼物和祭品存在；动物和植物存在；器具和作品存在。存在者处于存在之中。一种注定在神性与反神性之间的被掩蔽的厄运贯通着存在。存在者的许多东西并非人所能掌握的，只有少量为人所认识。所认识的也始终是一个大概，所掌握的也始终不可靠。一如存在者太易于显现出来，它从来就不是我们的制作，更不是我们的表象。要是我们思考一个统一的整体，那么，看来好像我们就把握了一切存在者，尽管只是粗糙有余的把握。

然而，超出存在者之外，但不是离开存在者，而是在存在者之前，在那里还发生着另一回事情。[39] 在存在者整体中间有一个敞开的处所。一种澄明（Lichtung）在焉。从存在者方面来思考，此种澄明比存在者更具存在者特性。因此，这个敞开的中心并非由存在者包围着，而不如说，这个光亮中心本身就像我们所不认识的无（Nichts）一样，围绕一切存在者而运行。

---

36 1960年雷克拉姆版：亦即本有（Ereignis）。——作者边注

37 此句中的"指向某物"（Sichrichten nach etwas）也可译为"与某物符合一致"，与"正确性"（Richtigkeit）有着字面的和意义的联系。——译注

38 1960年雷克拉姆版：倘若澄明不发生，亦即没有本有之发生（Er-eignen）。——作者边注

39 1957年第三版：本有（Ereignis）。——作者边注

唯当存在者进入和出离这种澄明的光亮领域之际，存在者才能作为存在者而存在。唯有这种澄明才允诺并且保证我们人通达非人的存在者，走向我们本身所是的存在者。由于这种澄明，存在者才在确定的和不确定的程度上是无蔽的。就连存在者的遮蔽也只有在光亮的区间内才有可能。我们遇到的每一存在者都遵从在场的这种异乎寻常的对立，因为存在者同时总是把自己抑制在一种遮蔽状态中。存在者进入其中的澄明，同时也是一种遮蔽。但遮蔽以双重方式在存在者中间起着决定作用。

要是我们关于存在者还只能说"它存在"，那么，存在者就拒绝我们，直至那个"一"和我们最容易切中的看起来最微不足道的东西。作为拒绝的遮蔽不只是知识的一向的界限，而是光亮领域之澄明的开端。但遮蔽也同时存在于光亮领域之中，当然是以另一种方式。存在者蜂拥而动，彼此遮盖，相互掩饰，少量隔阻大量，个别掩盖全体。在这里，遮蔽并非简单的拒绝，而是：存在者虽然显现出来，但它显现的不是自身而是它物。

这种遮蔽是一种伪装（Verstellen）。倘若存在者并不伪装存在者，我们又怎么会在存在者那里看错和搞错，我们又怎么会误入歧途，晕头转向，尤其是如此狂妄自大呢？存在者能够以假象迷惑，这就决定了我们会有差错误会，而非相反。

遮蔽可能是一种拒绝，或者只不过是一种伪装。遮蔽究竟是拒绝呢，抑或伪装，对此我们简直无从确定。遮蔽遮蔽着自身，伪装着自身。这就是说：存在者中间的敞开的处所，也就是澄明，绝非一个永远拉开帷幕的固定舞台，好让存在者在这个舞台上演它的好戏。恰恰相反，澄明唯作为这种双重的遮蔽才发生出来。存在者之无蔽从来不是一种纯然现存的状态，而是一种生发（Geschehnis）[40]。无蔽状态（即真埋）既非存在者意义上的事物的一个特征，也不是命题的一个特征。

我们相信我们在存在者的切近的周围中是游刃有余的。存在者是熟悉的、可靠的、亲切的。可是，具有拒绝和伪装双重形式的持久的遮蔽仍然穿过澄明。亲

40　1950年第一版：本有（Ereignis）。——作者边注

切根本上并不亲切，而倒是阴森森的（un-geheuer）。真理的本质，亦即无蔽，是由一种否定而得到彻底贯彻的。但这种否定并非匮乏和缺憾，仿佛真理是摆脱了所有遮蔽之物的纯粹无蔽似的；倘若果真能如此，那么真理就不再是真理本身了。这种以双重遮蔽方式的否定属于作为无蔽的真理之本质。真理在本质上即是非真理（Un-Wahrheit）。为了以一种也许令人吃惊的尖刻来说明，我们可以说，这种以遮蔽方式的否定属于作为澄明的无蔽。相反，真理的本质就是非真理。但这个命题却不能说成：真理根本上是谬误。同样地，这个命题的意思也不说：真理从来不是它自身，辩证地看，真理也总是其对立面。

只要遮蔽着的否定（Verweigern）作为拒绝（Versagen）首先把永久的渊源归于一切澄明，而作为伪装的否定却把难以取消的严重迷误归于一切澄明，那么，真理就作为它本身而成其本质。就真理的本质来说，那种在真理之本质中处于澄明与遮蔽之间的对抗，可以用遮蔽着的否定来称呼它。这是源始的争执的对立。就其本身而言，真理之本质即是源始争执（Urstreit）[41]，那个敞开的中心就是在这一源始争执中被争得的；而存在者站到这个敞开中心中去，或离开这个中心，把自身置回到自身中去。

这种敞开领域（das Offene）发生于存在者中间。它展示了一个我们已经提到过的本质特征。世界和大地属于敞开领域，但是世界并非直接就是与澄明相应的敞开领域，大地也不是与遮蔽相应的锁闭。而毋宁说，世界是所有决断与之相顺应的基本指引的道路的澄明。但任何决断都是以某个没有掌握的、遮蔽的、迷乱的东西为基础的；否则它就决不是决断。大地并非直接就是锁闭，而是作为自行锁闭者而展开出来的。按其自身各自的本质而言，世界与大地总是有争执的，是好争执的。唯有这样的世界和大地才能进入澄明与遮蔽的争执之中。

只要真理作为澄明与遮蔽的源始争执而发生，大地就一味地通过世界而凸现，世界就一味地建基于大地中。但真理如何发生呢？我们回答说：[42] 真理以几

41　1960年雷克拉姆版：本有。——作者边注

42　1960年雷克拉姆版：没有答案，因为问题依然：这是什么，什么以这些方式发生？——作者边注

种根本性的方式发生。真理发生的方式之一就是作品的作品存在。作品建立着世界并且制造着大地，作品因之是那种争执的实现过程，在这种争执中，存在者整体之无蔽状态亦即真理被争得了。

在神庙的矗立中发生着真理。这并不是说，在这里某种东西被正确地表现和描绘出来了，而是说，存在者整体被带入无蔽状态并且保持于无蔽状态之中。保持原本就意味着守护。[43] 在凡·高的油画中发生着真理。这并不是说，在此画中某种现存之物被正确地临摹出来了，而是说，在鞋具的器具存在的敞开中，存在者整体，亦即在冲突中的世界和大地，进入无蔽状态之中。

在作品中发挥作用的是真理，而不只是一种真实。刻划农鞋的油画，描写罗马喷泉的诗作，不光是显示——如果它们总是有所显示的话——这种个别存在者是什么，而是使得无蔽状态本身在与存在者整体的关涉中发生出来。[44] 鞋具愈单朴、愈根本地在其本质中出现，喷泉愈不假修饰、愈纯粹地以其本质出现，伴随它们的所有存在者就愈直接、愈有力地变得更具有存在者特性。于是，自行遮蔽着的存在便被澄亮了。如此这般形成的光亮，把它的闪耀嵌入作品之中。这种被嵌入作品之中的闪耀（Scheinen）就是美。美是作为无蔽的真理的一种现身方式。[45]

现在，虽然我们从几个方面对真理之本质有了较为清晰的把握，因而对在作品中在起作用的东西该是比较清楚了，但是，眼下显然可见的作品之作品存在依然还没有告诉我们任何关于作品的最切近、最突出的现实性和作品中的物因素。甚至看来几乎是，在我们追求尽可能纯粹地把握作品自身的自立时，我们完全忽略了一件事情，即作品始终是作品——宁可说是一个被创造的东西。如果说有某某东西能把作品之为作品突显出来的话，那么，它只能是作品的被创作存在（Geschaffensein）。因为作品是被创作的，而创作需要一种它借以创造的媒介物，那种物因素也就进入了作品之中。这是无可争辩的。不过，悬而未决的问题

43　海德格尔显然在此强调德文"保持"（halten）与"守护"（hüten）的词源联系。——译注

44　1960年雷克拉姆版：本有（Ereignis）。——作者边注

45　德语原文为：Schönheit ist eine Weise, wie Wahrheit als Unverborgenheit west. ——译注

还是：被创作存在如何属于作品？对此问题的澄清要求弄清下面两点：

一、在此何谓区别于制造和被制造存在的被创作存在和创作呢？

二、唯从作品本身的最内在本质出发，才能确定被创作存在如何属于作品以及它在多大程度上决定了作品的作品存在。作品的最这种内在本质是什么呢？

在这里，创作始终被认为是关涉于作品的。作品的本质就包含着真理的发生。我们自始就从它与作为存在者之无蔽状态的真理的本质的关系出发，来规定创作的本质。被创作存在之属于作品，只有在一种更其源始的对真理之本质的澄清中才能得到揭示。这就又回到了对真理及其本质的追问上来了。

倘若"在作品中真理起着作用"这一命题不该是一个纯粹的论断的话，那么，我们就必须再次予以追问。

于是，我们现在必须更彻底地发问：一种与诸如某个作品之类的东西的牵连，如何处于真理之本质中？为了能成为真理，那种能够被设置入作品中的真理，或者在一定条件下甚至必须被设置入作品中的真理，到底具有何种本质呢？而我们曾把"真理之设置入作品"规定为艺术的本质。因此，最终提出的问题就是：

什么是能够作为艺术而发生，甚或必须作为艺术而发生的真理？何以有艺术呢？[46]

真理与艺术

艺术作品和艺术家的本源是艺术。本源即是存在者之存在现身于其中的本质来源。什么是艺术？我们在现实的作品中寻找艺术之本质。作品之现实性是由在

---

46 这里加着重号的"有"（es gibt）的含义比较特别，含"给出""呈现"之意。——译注

作品中发挥作用的东西，即真理的发生，来规定的。此种真理之生发，我们思之为世界与大地之间的争执的实现。在这种争执的被聚合起来的动荡不安（Bewegnis）中有宁静。作品的自持就建基于此。

真理之生发在作品中发挥作用。但这样发挥作用的东西却在作品中。因而在这里就已经先行把现实的作品设定为那种发生的载体。对现存作品的物因素的追问又迫在眉睫了。于是，下面这一点终于清楚了：无论我们多么热诚地追问作品的自立，只要我们还没有领会艺术作品是一个制成品，我们就找不到它的现实性。其实这种看法是最切近而明显的；因为在"作品"一词中我们就听出制成品的意思。作品的作品因素，就在于它由艺术家所赋予的被创作存在之中。我们直到现在才提到这个最显而易见而又说明一切的对作品的规定，看来可能是令人奇怪的。

然而，作品的被创作存在显然只有根据创作过程才可能得到把握。因此，在这个事实的强迫下，我们就不得不懂得去深入领会艺术家的活动，才能切中艺术作品的本源。纯粹根据作品本身来规定作品的作品存在，[47] 这种尝试业已证明是行不通的。

如果我们现在撇开作品不管，而去追踪创作的本质，那么，我们无非是想坚持我们起初关于农鞋的油画、继之关于希腊神庙所说出的看法。

我们把创作思为一种生产（Hervorbingen）。但器具的制作也是一种生产。手工业却无疑并不创作作品——这是一个奇特的语言游戏；[48] 哪怕我们有必要把手工艺产品和工厂制品区别开来，手工业也没有创作作品。但是，创作的生产又如何与制作方式的生产区别开来呢？按照字面，我们是多么轻而易举地区分作品创作与器具制作，而要按照它们各自的基本特征探究生产的两种方式，又是多么举步维艰。依最切近的印象，我们在陶匠和雕塑家的活动中，在木工和画家的活

47　1960年雷克拉姆版：什么叫"作品存在"？多义。——作者边注

48　在德文中，"手工艺"（das Handwerk）一词由"手"（Hand）和"作品"（Werk）合成，而"手工艺"实际上并不创作"作品"——是为"语言游戏"。——译注

动中，发现了相同的行为。作品创作本身需要手工艺行动。伟大的艺术家最为推崇手工艺才能了。他们首先要求出于娴技熟巧的细心照料的才能。最重要的是，他们努力追求手工艺中那种永葆青春的训练有素。人们已经充分看到，对艺术作品有良好领悟的希腊人用同一个词τέχνη［技艺］来表示技艺和艺术，并且用同一个名称τεχνίτης［艺人］来称呼手工技艺家和艺术家。

因此，看来最好是从创作的手工技艺方面来确定创作的本质。但上面提到的希腊人的语言用法以及它们对事情的经验却迫使我们深思。不管我们多么普遍、多么清楚地指出希腊人常用相同的词τέχνη来称呼技艺和艺术，这种指示依然是肤浅的和有失偏颇的；因为τέχνη并非指技艺也非指艺术，也不是指我们今天所谓的技术，根本上，它从来不是指某种实践活动。

希腊文的τέχνη这个词毋宁说是知道（Wissen）的一种方式。知道意味着：已经看到（gesehen haben），而这是在"看"的广义上说的，意思就是：对在场者之为这样一个在场者的觉知（vernehmen）。对希腊思想来说，知道的本质在于ἀλήθεια［无蔽］，亦即存在者之解蔽。它承担和引导任何对存在者的行为。由于知道使在场者之为这样一个在场者出于遮蔽状态，而特地把它带入其外观（Aussehen）的无蔽状态中，因此，τέχνη［技艺］作为希腊人所经验的知道就是存在者之生产；τέχνη从来不是指制作活动。

艺术家之为一个τεχνίτης［艺人］，并非因为他也是一个工匠，而是因为，无论是作品的制造（Her-stellen），还是器具的制造，都是在生产（Her-vov-bringen）中发生的，这种生产自始就使得存在者以其外观而出现于其在场中。但这一切都发生在自然而然地展开的存在者中间，也即是在φύσις［涌现、自然］中间发生的。把艺术称为τέχνη［技艺］，这绝不是说对艺术家的活动应从手工技艺方面来了解。在作品制作中看来好像手工制作的东西却有着不同的特性。艺术家的活动由创作之本质来决定和完成，并且也始终被扣留在创作之本质中。

如果不能以手工艺为引线去思考创作的本质，那么，我们应当依什么线索去思考创作的本质呢？莫非除了根据那被创作的东西即作品外，还有别的办法吗？尽管作品首先是在创作之实行中才成为现实的，因而就其现实性来说取决于创作，但创作的本质却是由作品的本质来规定的。尽管作品的被创作存在与创作相关联，但被创作存在和创作都得根据作品的作品存在来规定。现在，为什么我们起初只是讨论作品，直到最后才来考察被创作存在，也就不会令人奇怪了。如果说被创作存在本质上属于作品，正如从"作品"一词中即可听出被创作存在，那么，我们就必须努力进一步更本质性地去领会迄今为止可以被规定为作品的作品存在的东西。

根据我们已获得的对作品的本质界定，在作品中真理之生发起着作用；由于这种考虑，我们就可以把创作规定为：让某物出现于被生产者之中（das Hervorgehenlassen in ein Hervorgebrachtes）。作品之成为作品，是真理之生成和发生的一种方式。一切全然在于真理的本质中。但什么是真理？什么是必定在这样一种被创作的东西中发生的真理呢？真理何以出于其本质的基础而牵连于一作品？我们能从上面所揭示的真理之本质来理解这一点吗？

真理是非真理，因为在遮蔽意义上的尚未被解蔽的东西的渊源范围就属于真理。在作为真理的非—遮蔽中，同时活动着另一个双重禁阻（Verwehren）的"非"[49]。真理之为真理，现身于澄明与双重遮蔽的对立中。真理是源始争执，在其中，敞开领域一向以某种方式被争得了，于是，显示自身和退隐自身的一切存在者进入敞开领域之中或离开敞开领域而固守自身。无论何时何地发生这种争执，争执者，即澄明与遮蔽，都由此而分道扬镳。这样就争得了争执领地的敞开领域。这种敞开领域的敞开性也即真理；当且仅当真理把自身设立在它的敞开领域中，真理才是它所是，亦即是这种敞开性。因此，在这种敞开领域中始终必定有存在者存在，好让敞开性获得栖身之所和坚定性。由于敞开性占据着敞开领域，因此敞开性开放并且维持着敞开领域。在这里，设置和占据都是从θέσις［置立］的希腊意义出发得到思考的，后者意谓：在无蔽领域中的一种建立（Aufstellen）。

由于指出敞开性自行设立于敞开领域之中，[50] 思想就触及了一个我们在此还

---

49   这个"非"，即"无蔽"（Un-verborgenheit，非—遮蔽）中的"非"（Un-），应作动词解。——译注

50   1960年雷克拉姆版：此处"存在学差异"，参看《同一与差异》，第37页。——作者边注

不能予以说明的区域。所要指出的只是，如果存在者之无蔽状态的本质以某种方式属于存在本身（参看拙著《存在与时间》，第44节），那么，存在就从其本质而来让敞开性之领地亦即此之澄明（Lichtung des Da）得以出现，并引导这个领地成为任何存在者以各自方式展开于其中的领地。

真理之发生无非是它在通过它本身而公开自身的争执和领地中设立自身。由于真理是澄明与遮蔽的对抗，因此真理包含着此处所谓的设立（Einrichtung）。但是，真理并非事先在某个不可预料之处自在地现存着，然后再在某个地方把自身安置在存在者中的东西。这是绝无可能的，因为是存在者的敞开性才提供出某个地方的可能性和一个充满在场者的场所的可能性。敞开性之澄明和在敞开中的设立是共属一体的。它们是真理之发生的同一个本质。真理之发生以其形形色色的方式是历史性的。

真理把自身设立于由它开启出来的存在者之中，一种根本性方式就是真理的自行设置入作品。真理现身运作的另一种方式是建立国家的活动。真理获得闪耀的又一种方式是邻近于那种并非某个存在者而是存在者中最具存在特性的东西。真理设立自身的再一种方式是本质性的牺牲。真理生成的又一种方式是思想者的追问，这种作为存在之思的追问命名着大可追问的存在。相反，科学却决不是真理的源始发生，科学无非是一个已经敞开的真理领域的扩建，而且是通过把握和论证在此领域内显现为可能和必然的正确之物来扩建的。[51] 当且仅当科学超出正确性之外而达到一种真理，也即达到对存在者之为存在者的彻底揭示，它便成为哲学了。

因为真理的本质在于把自身设立于存在者之中从而才成其为真理，所以，在真理之本质中就包含着那种与作品的牵连（Zug zum Werk），后者乃是真理本身得以在存在者中间存在的一种突出可能性。

真理之进入作品的设立是这样一个存在者的生产，这个存在者先前还不曾在，此后也不再重复。生产过程把这种存在者如此这般地置入敞开领域之中，从

51　海德格尔在这里罗列了真理发生的几种源始方式：艺术、建国、牺牲（宗教）和思想等；科学则不是真理的源始的发生方式，而是一种"扩建"（Ausbau），是对已经敞开的领域的"扩建"。——译注

而被生产的东西才照亮了它出现于其中的敞开领域的敞开性。当生产过程特地带来存在者之敞开性亦即真理之际，被生产者就是一件作品。这种生产就是创作。作为这种带来，创作毋宁说是在与无蔽状态之关联范围内的一种接收和获取。[52]那么，被创作存在何在呢？我们可以用两个本质性的规定来加以说明。

真理把自身设立在作品中。真理唯独作为在世界与大地的对抗中的澄明与遮蔽之间的争执而现身。真理作为这种世界与大地的争执被置入作品中。这种争执不会在一个特地被生产出来的存在者中被解除，也不会单纯地得到安顿，而是由于这个存在者而被开启出来的。因此，这个存在者自身必具备争执的本质特性。在争执中，世界与大地的统一性被争得了。由于一个世界开启出来，世界就对一个历史性的人类提出胜利与失败、祝祷与亵渎、主宰与奴役的决断。涌现着的世界使得尚未决断的东西和无度的东西显露出来，从而开启出尺度和决断的隐蔽的必然性。

另一方面，当一个世界开启出来，大地也耸然突现。大地显示自身为万物的载体，入于其法则中被庇护和持久地自行锁闭着的东西。世界要求它的决断和尺度，并让存在者进入它的道路的敞开领域之中。大地力求承载着、凸现着保持自行锁闭，并且力求把万物交付给它的法则。争执并非作为一纯然裂缝之撕裂的裂隙（Riß），而是争执者相互归属的亲密性。这种裂隙把对抗者一道撕扯到它们出自统一基础的统一体的渊源之中。争执之裂隙乃是基本图样，是描绘存在者之澄明的涌现的基本特征的剖面图。这种裂隙并不是让对抗者相互破裂开来，它把尺度和界限的对抗带入共同的轮廓之中。[53]

只有当争执在一个有待生产的存在者中被开启出来，亦即这种存在者本身被带入裂隙之中，作为争执的真理才得以设立于这种存在者中。裂隙乃是剖面图和

52　此处译为"生产"的德语Her-vor-bringen含义较广，不是技术制造；其字面含义为"带来"。故海德格尔说作为"生产"的创作是一种"带来"（Bringen）。——译注

53　此处Riß一词有"裂隙、裂口、平面图、图样"等意思，我们译之为"裂隙"；此处出现的Grundriß、Aufriß、Umriß等均以Riß为词干，几不可译解。我们权译Grundriß为"基本图样"，译Aufriß为"剖面"，译Umriß为"轮廓"。——译注

基本图样、裂口和轮廓的统一牵连（Gezüge）。真理在存在者中设立自身，而且这样一来，存在者本身就占据了真理的敞开领域。但是，唯当那被生产者即裂隙把自身交付给在敞开领域中凸现的自行锁闭者，这种占据才能发生。这裂隙必须把自身置回到石头吸引的沉重，木头缄默的坚固，色彩幽深的热烈之中。大地把裂隙收回到自身之中，裂隙于是才进入敞开领域而被制造，从而被置入亦即设置入那作为自行锁闭者和保护者进入敞开领域而凸现的东西中。

争执被带入裂隙之中，因而被置回到大地之中并且被固定起来，这种争执乃是形态（Gestalt）。作品的被创作存在意味着：真理之被固定于形态中。形态乃是构造（Gefüge），裂隙就作为这个构造而自行嵌合。被嵌合的裂隙乃是真理之闪耀的嵌合（Fuge）。这里所谓的形态，始终必须根据那种摆置（Stellen）和集置（Ge-stell）来理解；作品作为这种摆置和集置而现身，因为作品建立自身和制造自身。[54]

在作品创作中，作为裂隙的争执必定被置回到大地中，而大地本身必定作为自行锁闭者被生产和使用。不过，这种使用并不是把大地当作一种材料加以消耗甚或肆意滥用，而倒是把大地解放出来，使之成为大地本身。这种对大地的使用乃是对大地的劳作，虽然看起来这种劳作如同工匠利用材料，因而给人这样一种假象，似乎作品创作也是手工技艺活动。其实决非如此。作品创作始终是在真理固定于形态中的同时对大地的一种使用。与之相反，器具的制作却决非直接是对真理之发生的获取。当质料被做成器具形状以备使用时，器具的生产就完成了。器具的完成意味着器具已经超出了它本身，并将在有用性中消耗殆尽。

作品的被创作存在却并非如此。这一点从我们下面就要谈到的第二个特点来看，就一目了然了。

---

54 集置"（Ge-stell）是后期海德格尔思想的一个基本词语，在日常德语中有Gestell（框架）一词。海德格尔把技术的本质思为"集置"，意指技术通过各种"摆置"（stellen）活动，如表象（vorstellen）、制造（herstellen）、订造（bestellen）、伪造（verstellen）等，对人类产生着一种不无神秘的控制和支配力量。——译注

　　器具的完成状态与作品的被创作存在有一点是相同的，那就是它们都构成了一种被生产存在。但与其他一切生产不同，作品的被创作存在的特殊性在于：它是一道被带入被创作品中而被创作出来的。可是，难道所有生产品以及无论何种形成品不都这样吗？任何一个生产品，如果向来是某个东西，肯定会被赋予一种被生产存在。确实如此。不过在作品中，被创作存在是特别地被带入创作品中而创作出来的，以至于它专门从创作品中，也即从如此这般的生产品中突现出来。如若情形如此，那我们也就必然能够特别地在作品中经验这种被创作存在。

　　从作品中浮现出来的被创作存在并不意味着，根据作品就可以发现它出自某个艺术大师之手。创作品不可作为某位高手的成就来证明，其完成者也不能因此被提升到公共声望中去。要公布出来的并不是姓名不详的作者，而不如说，这个单纯的"factum est"［存在事实］要在作品中被带入敞开领域之中；也就是说，存在者之无蔽状态在此发生了，而且是首先作为这种发生事件而发生的；也就是说，这样的作品存在着，而不是不存在。作品作为这种作品而存在所造成的冲击，以及这种毫不显眼的冲力的连续性，构成了作品的自持的稳固性。在艺术家以及作品形成的过程和条件都尚不为人知的时候，这种冲力，被创作存在的这个"如此"（Daß）[55]，就最纯粹地从作品中出现了。

　　诚然，每一件可供支配的、处于使用中的器具也包含着它被制作出来这一"如此"。但这一"如此"在器具那里并没有凸现出来，它消失于有用性中了。一件器具越是凑手，它的"如此"就越是不引人注目（例如，一把榔头就是如此），器具就越是独一地保持在其器具存在中。一般说来，我们在每个现成事物中都能发现它存在的事实；但即便注意到这一点，也很快就以惯常的方式忘掉了。不过，还有什么比存在者存在这回事情更为寻常的呢？与之相反，在作品中，它作为这样一个作品而存在，这是非同寻常的事情。它的被创作存在这一发生事件（Ereignis）并没有简单地在作品中得到反映；而不如说，作品作为这样一

55　此处Daß在德语中是从句引导词daß（相当于英文的that）的大写。daß独立用为名词的Daß，实难以译成中文。我们权译之为"如此"或"如此实情"。——译注

件作品而存在，这一事件把作品在自身面前投射出来，并且已经不断地在自身周围投射了作品。作品越是本质性地开启自身，那种唯一性，即它存在而不是不存在这一如此实情的唯一性，也就越是显赫明朗。这种冲力越是本质性地进入敞开领域中，作品也就变得越是令人意外，越是孤独。在作品的生产中，包含着这样一种对"如此存在"（daß es sei）的呈献。

对作品的被创作存在的追问应把我们带到了作品的作品因素以及作品的现实性的近处。被创作存在显示自身为：通过裂隙进入形态的争执之被固定存在。在这里，被创作存在本身以特有的方式被寓于作品中，而作为那个"如此"的无声的冲力进入敞开领域中。但作品的现实性并非仅仅限于被创作存在。不过，正是对作品的被创作存在的本质的考察，使得我们现在有可能迈出一步，去达到我们前面所道出的一切的目标。

作品愈是孤独地被固定于形态中而立足于自身，愈纯粹地显得解脱了与人的所有关联，那么，冲力，这种作品存在着的这个"如此"，也就愈单朴地进入敞开领域之中，阴森惊人的东西就愈加本质性地被冲开，而以往显得亲切的东西就愈加本质性地被冲翻。然而，这形形色色的冲撞却不具有什么暴力的意味；因为作品本身愈是纯粹进入存在者由它自身开启出来的敞开性中，作品就愈容易把我们移入这种敞开性中，并同时把我们移出寻常平庸。服从于这种移挪过程意味着：改变我们与世界和大地的关联，然后抑制我们的一般流行的行为和评价，认识和观看，以便逗留于在作品中发生的真理那里。唯有这种逗留的抑制状态才让被创作的东西成为所是之作品。这种"让作品成为作品"，我们称之为作品之保存。[56] 唯有这种保存，作品在其被创作存在中才表现为现实的，现在来说也即：以作品方式在场着的。

要是作品没有被创作便无法存在，因而本质上需要创作者，同样地，要是没有保存者，被创作的东西也将不能存在。

56　德语原文为Bewahrung，或可译为"保藏"。——译注

然而，如果作品没有寻找保存者，没有直接寻找保存者从而使保存者应合于在作品中发生着的真理，那么，这并不意味着，没有保存者作品也能成为作品。只要作品是一件作品，它就总是与保存者相关涉，甚至在（也正是在）它只是等待保存者，恳求和期冀它们进入其真理之中的时候。甚至作品可能碰到的被遗忘状态也不是一无所有；它仍然是一种保存。它乞灵于作品。作品之保存意味着：置身于在作品中发生的存在者之敞开性中。可是，保存的这种"置身于其中"（Inständigkeit）乃是一种知道（Wissen）。知道却并不在于对某物的单纯认识和表象。谁真正地知道存在者，他也就知道他在存在者中间意愿什么。

这里所谓的意愿（Wollen）既非仅仅运用一种知道，也并不事先决定一种知道；它是根据《存在与时间》的基本思想经验而被思考的。保持着意愿的知道和保持着知道的意愿，乃是实存着的人类绽出地进入存在之无蔽状态之中。在《存在与时间》中思考的决心（Entschlossenheit）并不是一个主体的深思的行动，而是此在摆脱存在者的困囿向着存在之敞开性的开启。然而，在实存（Existenz）中，人并非出于一内在而到达一外在，而不如说，实存之本质乃是悬欠着（aus-stehend）置身于存在者之澄明的本质性分离中。在先已说明的创作中也好，在现在所谓的意愿中也好，我们都没有设想一个以自身为目的来争取的主体的活动和行为。

意愿乃是实存着的自我超越的冷静的决心，这种自我超越委身于那种被设置入作品中的存在者之敞开性。这样，那种"置身于其中"也被带入法则之中。作品之保存作为知道，乃是冷静地置身于在作品中发生着的真理的阴森惊人的东西中。

这种知道作为意愿在作品之真理中找到了自己的家园，并且只有这样，它才是一种知道；它没有剥夺作品的自立性，并没有把作品强行拉入纯然体验的领域，并不把作品贬低为一个体验的激发者的角色。作品之保存并不是把人孤立于其私人体验，而是把人推入与在作品中发生着的真理的归属关系之中，从而把相互共同存在确立为出自与无蔽状态之关联的此之在（Da-sein）的历史性悬欠（Ausstehen）。再者，在保存意义上的知道与那种鉴赏家对作品的形式、品质和魅力的鉴赏力相去甚远。作为已经看到，知道乃是一种决心，是置身于那种已经被作品嵌入裂隙的争执中去。

作品本身，也只有作品本身，才能赋予和先行确定作品的适宜的保存方式。保存发生在不同等级的知道中，这种知道具有各个不同的作用范围、稳固性和清晰度。如若作品仅仅被提供给艺术享受，这也还没有证明作品之为作品处于保存中。

一旦那种进入阴森惊人的东西中的冲力在流行和鉴赏中被截获了，则艺术行业就开始围着作品团团转了。就连作品的小心谨慎的流传，力求重新获得作品的科学探讨，都不再达到作品自身的存在，而仅只是一种对它的回忆而已。但这种回忆也能给作品提供一席之地，从中构成作品的历史。相反，作品最本己的现实性，只有当作品在通过它自身而发生的真理中得到保存之际才起作用。

作品的现实性的基本特征是由作品存在的本质来规定的。现在我们可以重新捡起我们的主导问题了：那个保证作品的直接现实性的作品之物因素的情形究竟如何呢？情形是，我们现在不再追问作品的物因素的问题了；因为只要我们做那种追问，我们即刻而且事先就确定无疑地把作品当作一个现存对象了。以此方式，我们从未能从作品出发来追问，而是从我们出发来追问。而这个作为出发点的我们并没有让作品作为一个作品而存在，而是把作品看成能够在我们心灵中引发此种或彼种状态的对象。

然而，在被当作对象的作品中，那个看来像是流行的物的概念意义上的物因素的东西，从作品方面来了解，实际上就是作品的大地因素（das Erdhafte）。大地进入作品而凸现，因为作品作为其中有真理起作用的作品而现身；而且因为真理唯有通过把自身设立在某个存在者之中才得以现身。但是，在本质上自行锁闭的大地那里，敞开领域的敞开性得到了它最大的抵抗，并因此获得它永久的立足之所，而形态必然被固定于其中。

那么，我们对物之物因素的追问竟是多余的吗？绝对不是的。作品因素固然不能根据物因素来得到规定，但对作品之作品因素的认识，却可能把我们对物之物因素的追问引入正轨。这并非无关紧要，只要我们回想一下那些自古以来流行的思维方式如何扰乱物之物因素，如何使一种对存在者整体的解释达到统治地位，就会明白这一点的。这种对存在者整体的解释使我们对真理的源始本质茫然无知，同样也无能于对器具和作品的本质的把握。

为了规定物之物性，无论是对特性之载体的考察，还是对在其统一性中的感性被给予物的多样性的考察，甚至那种对自为地被表象出来的、从器具因素中获知的质料—形式结构的考察，都是无济于事的。对于物之物因素的解释来说，一种正确而有分量的洞察必须直面物对大地的归属性。大地的本质就是它那无所迫促的承荷和自行锁闭，但大地仅仅是在耸然进入一个世界之际，在它与世界的对抗中，才自行揭示出来。大地与世界的争执在作品的形态中固定下来，并且通过这一形态才得以敞开出来。我们只有特别地通过作品才经验到器具之器具因素，这一点适用于器具，也适用于物之物因素。我们决不能径直知道物因素，即使能知道，那也只是不确定地，也需要作品的帮助。这一点间接地证明了，在作品的作品存在中，真理之生发也即存在者之开启在起作用。

然而，如果作品无可争辩地把物因素置入敞开领域之中，那么，就作品方面来说，难道作品不是必须已经——而且在它被创作之前，并且为了这种被创作——被带入一种与大地中的万物的关联，与自然的关联之中了吗？这正是我们最后要回答的一个问题。阿尔布雷特·丢勒[57]想必是知道这一点的，他说了如下著名的话："千真万确，艺术存在于自然中，因此谁能把它从中取出，谁就拥有了艺术。"在这里，"取出"意味着画出裂隙，用画笔在绘画板上把裂隙描绘出来。[58]但是，我们同时要提出相反的问题：如果裂隙并没有作为裂隙，也就是说，如果裂隙并没有事先作为尺度与无度的争执而被创作的构思带入敞开领域之中，那么，裂隙何以能够被描绘出来呢？诚然，在自然中隐藏着裂隙、尺度、界限以及与此相联系的可能生产（Hervorbringen-können），亦即艺术。但同样确凿无疑的是，这种隐藏于自然中的艺术唯有通过作品才能显露出来，因为它源始地隐藏在作品之中。

对作品的现实性的这一番刻意寻求乃是要提供出一个基地，使得我们能够在现实作品中发现艺术和艺术之本质。关于艺术之本质的追问，认识艺术的道路，

57　阿尔布雷特·丢勒（Albrecht Dürer，1471—1528）：德国宗教改革运动时期油画家、版画家和雕塑家。——译注

58　动词"取出"（reißen）与"裂隙"（Riß）有着字面的和意义的联系，含"勾画裂隙"之意。——译注

应当重新被置于某个基础之上。如同任何真正的回答，对于这个问题的回答只不过是一系列追问步骤的最后一步的最终结果。任何回答只要是植根于追问的回答，就始终能够保持回答的力量。

从作品的作品存在来看，作品的现实性不仅更加明晰，而且根本上也更加丰富了。保存者与创作者一样，同样本质性地属于作品的被创作存在。但作品使创作者的本质成为可能，作品由于其本质也需要保存者。如果说艺术是作品的本源，那就意味着：艺术使作品的本质上共属一体的东西，即创作者和保存者，源出于作品的本质。但艺术本身是什么呢？我们正当地称之为本源的艺术是什么呢？

真理之生发在作品中起作用，而且是以作品的方式起作用。因此，艺术的本质先行就被规定为真理之自行设置入作品。但我们自知，这一规定具有一种蓄意的模棱两可。它一方面说：艺术是自身建立的真理固定于形态中，这种固定是在作为存在者之无蔽状态的生产的创作中发生的。而另一方面，设置入作品也意味着：作品存在进入运动和进入发生中。这也就是保存。于是，艺术就是：对作品中的真理的创作性保存。因此，艺术就是真理的生成和发生。[59] 那么，难道真理源出于无吗？的确如此，如果这个无（das Nichts）意指的是对存在者的纯粹的不（das Nicht），而存在者则被看作是那个惯常的现存事物，后者进而通过作品的立身实存（das Dastehen）而显露为仅仅被设想为真的存在者，并且被作品的立身实存所撼动。从现存事物和惯常事物那里是从来看不到真理的。毋宁说，只有通过对在被抛状态（Geworfenheit）中到达的敞开性的筹划，敞开领域之开启和存在者之澄明才发生出来。

作为存在者之澄明和遮蔽，真理乃是通过[60] 诗意创造而发生的。[61] 凡艺术都是让存在者本身之真理到达而发生；一切艺术本质上都是诗（Dichtung）。艺术

59　此句德语原文为：Dann ist die Kunst ein Werden und Geschehen der Wahrheit.——译注

60　1960年雷克拉姆版："诗"的值得追问之处——作为道说之用（Brauch der Sage）。对澄明与诗的关系的描述不充分。——作者边注

61　此处动词"诗意创造"（dichten），或可译为"作诗"。——译注

丢勒　1471—1528年

作品和艺术家都以艺术为基础；艺术之本质乃真理之自行设置入作品。由于艺术的诗意创造本质，艺术就在存在者中间打开了一方敞开之地，在此敞开之地的敞开性中，一切存在遂有迥然不同之仪态。凭借那种被置入作品中的、对自行向我们投射的存在者之无蔽状态的筹划（Entwurf），一切惯常之物和过往之物通过作品而成为非存在者（das Unseiende）。这种非存在者已经丧失了那种赋予并且保持作为尺度的存在的能力。在此令人奇怪的是，作品根本上不是通过因果关系对以往存在者发生影响的。作品的作用并不在于某种制造因果的活动，而在于存在者之无蔽状态（亦即存在[62]）的一种源于作品而发生的转变。

　　然而，诗并非对任意什么东西的异想天开的虚构，并非对非现实领域的单纯表象和幻想的悠荡飘浮。作为澄明着的筹划，诗在无蔽状态那里展开的东西和先行抛入形态之裂隙中的东西，是让无蔽发生的敞开领域，并且是这样，即现在，敞开领域才在存在者中间使存在者发光和鸣响。在对作品之本质和作品与存在者之真理的生发的关系的本质性洞察中，出现了这样一个疑问：根据幻想和想象力来思考诗之本质——同时也即筹划之本质——是否已经绰绰有余了。

　　诗的本质，现在已得到了宽泛的、但并非因此而模糊的了解，在此它无疑是大可追问的东西。我们眼下应该对之作一思考了。[63]

　　如果说一切艺术本质上皆是诗，那么，建筑艺术、绘画艺术、音乐艺术就都势必归结为诗歌了。[64] 这纯粹是独断嘛！当然，只要我们认为，上面所说的各类艺术都是语言艺术的变种——如果我们可以用语言艺术这个容易让人误解的名称来规定诗歌的话——那就是独断了。其实，诗歌仅只是真理之澄明着的筹划的一种方式，也即只是宽泛意义上的诗意创造（Dichten）的一种方式；虽然语言作品，即狭义的诗（Dichtung），在整个艺术领域中是占有突出地位的。

62　1960年雷克拉姆版：不充分——无蔽与“存在”的关系；存在等于在场状态，参看拙文“时间与存在”。——作者边注

63　1960年雷克拉姆版：也就是说，艺术的固有特性也值得追问。——作者边注

64　海德格尔在这里区分了诗（Dichtung）与诗歌（Poesie），前者联系于动词“作诗”（dichten），后者则是体裁分类意义上的与散文相对的文学样式。——译注

　　为了认识这一点，只需要有一个正确的语言概念即可。流行的观点把语言当作一种传达。语言用于会谈和约会，一般讲来就是用于互相理解。然而，语言不只是、而且并非首先是对要传达的东西的声音表达和文字表达。语言并非仅仅是把或明或暗如此这般的意思转运到词语和句子中去，而不如说，唯语言才使存在者作为存在者进入敞开领域之中。在没有语言的地方，比如，在石头、植物和动物的存在中，便没有存在者的任何敞开性，因而也没有不存在者和虚空的任何敞开性。

　　由于语言首度命名存在者，这种命名才把存在者带向词语而显现出来。这一命名（Nennen）指派（ernennen）存在者，使之源于其存在而达于其存在。这样一种道说乃澄明之筹划，它宣告出存在者作为什么东西进入敞开领域。筹划[65] 是一种投射的触发，作为这种投射，[66] 无蔽把自身发送到存在者本身之中。而筹划着的宣告（Ansagen）即刻成为对一切阴沉的纷乱的拒绝（Absage）；在这种纷乱中存在者蔽而不显，逃之夭夭了。[67]

　　筹划着的道说就是诗：世界和大地的道说，世界和大地之争执的领地的道说，因而也是诸神的所有远远近近的场所的道说。[68] 诗乃是存在者之无蔽状态的道说（die Sage）。始终逗留着的语言是那种道说（das Sagen）之生发，在其中，一个民族的世界历史性地展开出来，而大地作为锁闭者得到了保存。在对可道说的东西的准备中，筹划着的道说同时把不可道说的东西带给世界。在这样一种道说中，一个历史性民族的本质的概念，亦即它对世界历史的归属性的概念，先行被赋形了。

65　1960年雷克拉姆版：筹划（Entwerfen）—— 不是澄明之为澄明，因为在其中只是测定了计划（Entwurf）的位置，不如说：对裂隙的筹划。——作者边注

66　此处"筹划"（Entwerfen）与"投射"（Wurf）具有字面联系。——译注

67　1960年雷克拉姆版：只是这样？或者作为命运。参照：集置（Ge-Stell）。——作者边注

68　后期海德格尔以"道说"（die Sage）一词指称他所思的非形而上学意义上的语言。所谓"道说"乃是"存在"——亦作"本有"（Ereignis）——的运作和发生。作为"道说"的语言乃是"寂静之音"，无声之"大音"。海德格尔也以动词das Sagen标示合乎die Sage的本真的人言（即"诗"与"思"）。我们也译das Sagen为"道说"。参看海德格尔：《在通向语言的途中》，中译本，孙周兴译，商务印书馆，1997年。——译注

在这里，诗是在一种宽广意义上，同时也在与语言和词语的紧密的本质统一性中被理解的，从而，就必定有这样一个悬而未决的问题：艺术，而且是包括从建筑到诗歌的所有样式的艺术，是不是就囊括了诗之本质呢？

语言本身就是根本意义上的诗。但由于语言是存在者之为存在者对人来说向来首先在其中得以完全展开出来的那种生发，所以，诗歌，即狭义上的诗，才是根本意义上最源始的诗。语言是诗，不是因为语言是源始诗歌（Urpoesie）；不如说，诗歌在语言中发生，因为语言保存着诗的源始本质。相反地，建筑和绘画总是已经、而且始终仅只发生在道说和命名的敞开领域之中。它们为这种敞开所贯穿和引导，所以，它们始终是真理把自身建立于作品中的本己道路和方式。它们是在存在者之澄明范围内的各有特色的诗意创作，而存在者之澄明早已不知不觉地在语言中发生了。[69]

作为真理之自行设置入作品，艺术就是诗。不光作品的创作是诗意的，作品的保存同样也是诗意的，只是有其独特的方式罢了。因为只有当我们本身摆脱了我们的惯常性而进入作品所开启出来的东西之中，从而使得我们的本质在存在者之真理达到恒定[70]时，一个作品才是一个现实的作品。

艺术的本质是诗。而诗的本质是真理之创建（Stiftung）。在这里，我们所理解的"创建"有三重意义，即：作为赠予的创建，作为建基的创建和作为开端的创建。[71]但是，创建唯有在保存中才是现实的。因此，保存的样式吻合于创建的诸样式。对于艺术的这种本质构造，我们眼下只能用寥寥数语的勾勒来加以揭示，甚至这种勾勒也只是前面我们对作品之本质的规定所提供的初步线索。

真理之设置入作品冲开了阴森惊人的东西，同时冲倒了寻常的和我们认为是寻常的东西。在作品中开启自身的真理决不可能从过往之物那里得到证明并推导

---

69 1960年雷克拉姆版：这说的是什么？澄明通过语言而发生，或者居有着的澄明才允诺道说和弃绝（Entsagen）并且因而允诺了语言？语言与肉身（语音与文字）。——作者边注

70 1960年雷克拉姆版：在置身于用（Brauch）的状态意义上。——作者边注

71 在此作为"创建"（Stiften）的三重意义的"赠予"（Schenken）、"建基"（Gründen）和"开端"（Anfangen）都是动词性的。——译注

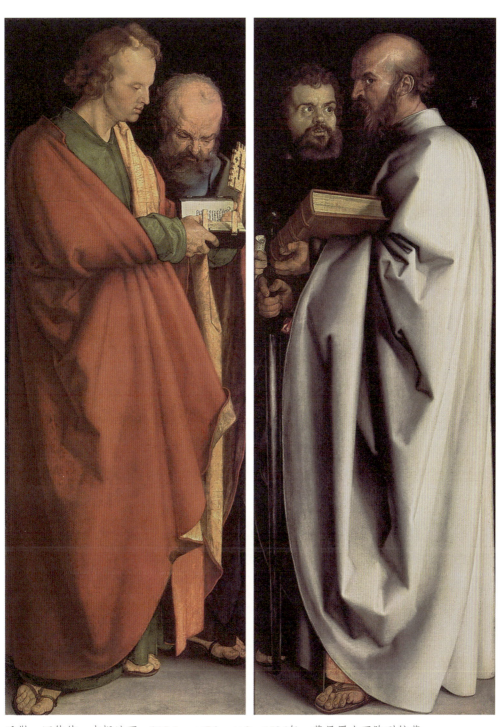

丢勒　四使徒　木板油画　215.5cm×76cm×2　1526年　慕尼黑古画陈列馆藏

出来。过往之物在其特有的现实性中被作品所驳倒。因此艺术所创建的东西，决不能由现存之物和可供使用之物来抵销和弥补。创建是一种充溢，一种赠予。

真理的诗意创作的筹划把自身作为形态而置入作品中，这种筹划也决不是通过进入虚空和不确定的东西中来实现的。而毋宁说，在作品中，真理被投向即将到来的保存者，亦即被投向一个历史性的人类。但这个被投射的东西，从来不是一个任意僭越的要求。真正诗意创作的筹划是对历史性的此在已经被抛入其中的那个东西的开启。那个东西就是大地。对于一个历史性民族来说就是他的大地，是自行锁闭着的基础；这个历史性民族随着一切已然存在的东西——尽管还遮蔽着自身——而立身于这一基础之上。但它也是他的世界，这个世界由于此在与存在之无蔽状态的关联而起着支配作用。因此，在筹划中人与之俱来的那一切，必须从其锁闭的基础中引出并且特别地被置入这个基础之中。这样，基础才被建立为具有承受力的基础。

由于是这样一种引出（Holen），所有创作（Schaffen）便是一种汲取（犹如从井泉中汲水）。毫无疑问，现代主观主义直接曲解了创造（das Schöpferische），把创造看作是骄横跋扈的主体的天才活动。真理的创建不光是在自由赠予意义上的创建，同时也是在铺设基础的建基意义上的创建。它决不从流行和惯常的东西那里获得其赠品，从这个方面来说，诗意创作的筹划乃来源于无（Nichts）。但从另一方面看，这种筹划也决非来源于无，因为由它所投射的东西只是历史性此在本身的隐秘的使命。

赠予和建基本身就拥有我们所谓的开端的直接特性。但开端的这一直接特性，出于直接性的跳跃[72]的奇特性，并不是排除而是包括了这样一点，即：开端久已悄然地准备着自身。真正的开端作为跳跃始终都是一种领先，[73] 在此领先中，凡一切后来的东西都已经被越过了，哪怕是作为一种被掩蔽的东西。[74] 开端

---

72 1960年雷克拉姆版："跳跃"（Sprung），参看《同一与差异》，关于同一性的演讲。——作者边注

73 注意"跳跃"（Sprung）与"领先"（Vorsprung）之间的字面联系。——译注

74 1960年雷克拉姆版：开端（Anfang）必须在本有意义上思为开—端（An-Fang）。——作者边注

已经隐蔽地包含了终结。可是，真正的开端决不具有原始之物的草创特性。原始之物总是无将来的，因为它没有赠予着和建基着的跳跃和领先。它不能继续从自身中释放出什么，因为它只包含了把它囿缚于其中的那个东西，此外无他。

相反，开端总是包含着阴森惊人之物亦即与亲切之物的争执的未曾展开的全部丰富性。作为诗的艺术是第三种意义上的创建，即真理之争执的引发意义上的创建；作为诗的艺术乃是作为开端的创建。每当存在者整体作为存在者本身要求那种进入敞开性的建基时，艺术就作为创建而进入其历史性本质之中。在西方，这种作为创建的艺术最早发生在古希腊。那时，后来被叫作存在的东西被决定性地设置入作品中了。进而，如此这般被开启出来的存在者整体被变换成了上帝的造物意义上的存在者。这是在中世纪发生的事情。这种存在者在近代之初和近代之进程中又被转换了。存在者变成了可以通过计算来控制和识破的对象。上述种种转换都展现出一个新的和本质性的世界。每一次转换都必然通过真理之固定于形态中，固定于存在者本身中而建立了存在者的敞开性。每一次转换都发生了存在者之无蔽状态。无蔽状态自行设置入作品中，而艺术完成这种设置。

每当艺术发生，亦即有一个开端存在之际，就有一种冲力进入历史之中，历史才开始或者重又开始。在这里，历史并非意指无论何种和无论多么重大的事件的时间上的顺序。历史乃是一个民族进入其被赋予的使命中而同时进入其捐献之中。历史就是这样一个进入过程。

艺术是真理之自行设置入作品。在这个命题中隐含着一种根本性的模棱两可，据此看来，真理同时既是设置行为的主体又是设置行为的客体。但主体和客体在这里是不恰当的名称，它们阻碍着我们去思考这种模棱两可的本质。这种思考的任务超出了本文的范围。艺术是历史性的，历史性的艺术是对作品中的真理的创作性保存。艺术发生为诗。诗乃赠予、建基、开端三重意义上的创建。作为创建的艺术本质上是历史性的。这不光是说：艺术拥有外在意义上的历史，它在时代的变迁中与其他许多事物一起出现，同时变化、消失，给历史学提供变化多端的景象。真正说来，艺术为历史建基；艺术乃是根本性意义上的历史。

艺术让真理脱颖而出。作为创建着的保存，艺术是使存在者之真理在作品中一跃而出的源泉。使某物凭一跃而源出，在出自本质渊源的创建着的跳跃中把某物带入存在之中，这就是本源（Ursprung）一词的意思。[75]

艺术作品的本源，同时也就是创作者和保存者的本源，也就是一个民族的历史性此在的本源，乃是艺术。之所以如此，是因为艺术在其本质中就是一个本源：是真理进入存在的突出方式，亦即真理历史性地生成的突出方式。

我们追问艺术的本质。为什么要做这样的追问呢？我们做这样的追问，目的是为了能够更本真地追问：艺术在我们的历史性此在中是不是一个本源，是否并且在何种条件下，艺术能够是而且必须是一个本源。

这样一种沉思不能勉强艺术及其生成。但是，这种沉思性的知道（das besinnliche Wissen）却是先行的，因而也是必不可少的对艺术之生成的准备。唯有这种知道为艺术准备了空间，[76] 为创造者提供了道路，为保存者准备了地盘。

在这种只能缓慢地增长的知道中将做出决断：艺术是否能成为一个本源因而必然是一种领先，或者艺术是否始终是一个附庸从而只能作为一种流行的文化现象而伴生。

我们在我们的此在中历史性地存在于本源之近旁吗？我们是否知道亦即留意到本源之本质呢？或者，在我们对待艺术的态度中，我们依然只还是因袭成规，照搬过去形成的知识而已？

对于这种或此或彼的抉择及其决断，这里有一块可靠的指示牌。诗人荷尔德林道出了这块指示牌；这位诗人的作品依然摆在德国人面前，构成一种考验。荷尔德林诗云：

> 依于本源而居者
> 终难离弃原位。
>
> ——《漫游》，载《荷尔德林全集》，第4卷
> （海林格拉特编），第167页

75　海德格尔在此暗示了德语中"本源"（Ursprung）与"源出"（entspringen）和"跳跃"（Sprung）的字面联系。——译注

76　1960年雷克拉姆版：逗留之居所的处所。——作者边注

后　记

本文的思考关涉到艺术之谜，这个谜就是艺术本身。这里绝没有想要解开这个谜。我们的任务在于认识这个谜。

几乎是从人们开始专门考察艺术和艺术家的那个时代起，此种考察就被称为美学的考察。美学把艺术作品当作一个对象，而且把它当作αἴσθησις［感知］的对象，即广义上的感性知觉的对象。现在人们把这种知觉称为体验。人体验艺术的方式，被认为是能说明艺术之本质的。无论对艺术享受还是对艺术创作来说，体验都是决定性的源泉。[77] 一切都是体验。但也许体验却是艺术死于其中的因素。[78] 这种死发生得如此缓慢，以至于它需要经历数个世纪之久。

诚然，人们谈论着不朽的艺术作品和作为一种永恒价值的艺术。但此类谈论用的是那种语言，它并不认真对待一切本质性的东西，因为它担心"认真对待"最终意味着：思想（denken）。在今天，又有何种畏惧更大于这种对思想的畏惧呢？此类关于不朽的作品和艺术的永恒价值的谈论具有某种内容和实质吗？或者，此类谈论只不过是在伟大的艺术及其本质已经远离了人类的时代里出现的一些肤浅的陈词滥调么？

黑格尔的《美学讲演录》是西方历史上关于艺术之本质的最全面的沉思，因为那是一种根据形而上学而做的沉思。在《美学讲演录》中有这样几个命题：

"对我们来说，艺术不再是真理由以使自己获得其实存的最高样式了"[79]

77　1960年雷克拉姆版：现代艺术摆脱了体验因素吗？抑或，只是被体验的东西如此这般地发生了变化，以至于现在体验变得比以往还更为主观？现在，被体验者——"创造本能的技术因素"本身——成为制作和发明的方式。本身依然还是形而上学的"符号因素"的"非形式性"和相应的不确定性和空洞性，我之体验作为"社会"。——作者边注

78　1960年雷克拉姆版：这个命题倒并不是说，艺术完全完蛋了。只有当体验一直保持为艺术的绝对因素，才会有这样一种情况。但一切的关键恰恰在于，摆脱体验而进入此之在（Da-sein），而这就是说：获致艺术之"生成"的一个完全不同的"因素"。——作者边注

79　1960年雷克拉姆版：艺术作为真理（在此即绝对者之确定性）的方式。——作者边注

（《全集》，第10卷，第1册，第134 页）。[80] "我们诚然可以希望艺术还将会蒸蒸日上，并使自身完善起来，但是艺术形式已不再是精神的最高需要了"（《全集》，第10卷，第1册，第135页）。[81] "从这一切方面看，就它的最高职能来说，艺术对于我们现代人已经是过去的事了"（《全集》，第10卷，第1册，第16页）。[82]

尽管我们可以确认，自从黑格尔于1828—1829年冬季在柏林大学做最后一次美学讲座以来，我们已经看到了许多新的艺术作品和新的艺术思潮；但是，我们不能借此来回避黑格尔在上述命题中所下的判词。黑格尔决不是想否认可能还会出现新的艺术作品和艺术思潮。然而，问题依然是：艺术对我们的历史性此在来说仍然是决定性的真理的一种基本和必然的发生方式吗？或者，艺术压根儿就不再是这种方式了？但如果艺术不再是这种方式了，那么问题是：何以会怎样呢？黑格尔的判词尚未获得裁决；因为在黑格尔的判词背后，潜伏着自古希腊以降的西方思想，这种思想相应于一种已经发生了的存在者之真理。如果要对黑格尔的判词作出裁决，那么，这种裁决乃是出于这种存在者之真理并且对这种真理做出裁决。在此之前，黑格尔的判词就依然有效。而因此就有必要提出下面的问题：此判词所说的真理是不是最终的真理？如果它是最终的真理又会怎样？

这种问题时而相当清晰，时而只是隐隐约约地与我们相关涉；只有当我们事先对艺术之本质有了深思熟虑，我们才能探问这种问题。我们力图通过提出艺术作品的本源问题而迈出几步。关键在于洞察作品的作品特性。在这里，"本源"一词的意思是从真理的本质方面来思考的。

我们所说的真理与人们在这个名称下所了解的东西是大相径庭的；人们把"真理"当作一种特性委诸认识和科学，从而把它与美和善区别开来，善和美则被视为表示非理论活动的价值的名称。

80　黑格尔：《美学》，中译本，朱光潜译，商务印书馆，1982年，第1卷，第131页。——译注

81　黑格尔：《美学》，中译本，朱光潜译，商务印书馆，1982年，第1卷，第132页。——译注

82　黑格尔：《美学》，中译本，朱光潜译，商务印书馆，1982年，第1卷，第15页。——译注

真理是存在者之为存在者的无蔽状态。[83] 真理是存在之真理。美与真理并非比肩而立的。当真理自行设置入作品，它便显现出来。这种显现（Erscheinen）——作为在作品中的真理的这一存在和作为作品——就是美。因此，美属于真理的自行发生（Sichereignen）。美不仅仅与趣味相关，不只是趣味的对象。美依据于形式，而这无非是因为，forma［形式］一度从作为存在者之存在状态的存在那里获得了照亮。那时，存在发生为εἶδος［外观、爱多斯］。ἰδέα［相］适合于μορφή［形式］。[84] 这个σύνολον，即μορφή［形式］和ὕλη［质料］的统一整体，亦即ἔργον［作品］，以ἐνέργεια［实现］之方式存在。这种在场的方式后来成了ens actus［现实之物］的actualitas［现实性］；actualitas［现实性］成了事实性（Wirklichkeit）；[85] 事实性成了对象性（Gegenständlichkeit）；对象性成了体验（Erlebnis）。对于由西方决定的世界来说，存在者成了现实之物；在存在者作为现实之物而存在的方式中，隐蔽着美和真理的一种奇特的合流。西方艺术的本质的历史相应于真理之本质的转换。假定形而上学关于艺术的概念获得了艺术的本质，那么，我们就决不能根据被看作自为的美来理解艺术，同样也不能从体验出发来理解艺术。

附　录

在第63页和第74页上，细心的读者会感到一个根本性的困难，它起于一个印象，仿佛"真理之固定"（Feststellen der Wahrheit）与"让真理之到达发生"（Geschehenlassen der Ankunft der Wahrheit）这两种说法是从不能协调一致的。因为，在"固定"中含有一种封锁到达亦即阻挡到达的意愿；而在"让发生"中

83　1957年第三版：真理乃是存在者的自行照亮的存在。真理乃是区—分即分解（Austrag）之澄明，在其中澄明已经根据区分得到了规定。——作者边注

84　"相"（ἰδέα）在国内通译为"理念"，译之为"相"似更合海德格尔的理解。——译注

85　德语的Wirklichkeit与拉丁语的actualitas通常是对译词。——译注

却表现出一种顺应，因而也似乎显示出一种具有开放性的非意愿。

如果我们从贯穿本文全篇的意义上，也就是首先从"设置入作品"[86] 这个指导性规定所含的意义上，来理解这种"固定"，那么，上面这个困难就涣然冰释了。与"摆置"（stellen）和"设置"（setzen）密切相关的还有"置放"（legen）。这三个词的意思在拉丁语中还是由ponere一个词来表达的。

我们必须在θέσις[置立]的意义上来思考"摆置"。所以在第57页上，我们说："在这里，设置和占据都是从θέσις[置立]的希腊意义出发得到思考的，后者意谓：在无蔽领域中的一种建立（Aufstellen）。"希腊语中的"设置"，意思就是作为让出现的摆置，比如让一尊雕像摆置下来；意思就是置放，安放祭品。摆置和置放有"带入无蔽领域，[87] 带入在场者之中，亦即让……呈现"的意义。设置和摆置在此绝不意味着：与现代概念中的挑衅性的自我（也即自我主体）对置起来。雕像的立身（Stehen）（也即面对着我们的闪耀的在场）不同于客体意义上的对象的站立。"立身"乃是闪耀（Scheinen）的恒定（参看第35页）。相反，在康德辩证法和德国唯心主义那里，正题、反题、合题指的是在意识之主观性领域内的一种摆置。相应地，黑格尔——从他的立场出发乃是正当地——是在对象的直接设置这种意义上来阐释希腊词语θέσις[置立]的。对黑格尔来说，这种设置还是不真实的，因为它还没有经过反题和合题这两个中介（可参看拙文"黑格尔与希腊"，载《路标》，1967年）。[88]

然而，如果我们在论述艺术作品的论文中把θέσις[置立]的希腊意义保持在眼界中，也即把它视为"在其显现和在场中让呈现出来"，那么，"固定"中的"固"（fest）就决没有"刻板、静止和可靠"的意义。

这个"固"的意思是："勾勒轮廓"（umrißen）、"允许进入界限中"

---

86 1960年雷克拉姆版：更好地说：带入作品中；带出来，作为让（Lassen）的带（Bringen）；ποίησις[制作]。——作者边注

87 1960年雷克拉姆版："来"（Her）：来自澄明。——作者边注

88 参看海德格尔：《路标》，中译本，孙周兴译，商务印书馆，2002年。——译注

（πέρας）、"带入轮廓中"。希腊语意义上的界限并非封锁，而是作为被生产的东西本身使在场者显现出来。界限有所开放而入于无蔽领域之中；凭借在希腊的光亮中的无蔽领域的轮廓，山峦立身于其凸现和宁静中。具有巩固作用的界限是宁静的东西，也即在动荡状态之全幅中的宁静者，所有这一切适切于希腊文的ἔργον［作品］意义上的作品。这种作品的"存在"就是ἐνέργεια［实现］，后者与现代的"活力"（Energien）概念相比较，于自身中聚集了无限多的运动。

因此，只要正确地理解了真理之"固定"，它就绝不会与"让发生"相冲突。因为一方面，这个"让"不是什么消极状态，而是在θέσις［置立］意义上的最高的能动（参看拙著《演讲与论文集》，1954年，第49页），是一种"活动"和"意愿"。本文则把它规定为"实存着的人类绽出地进入存在之无蔽状态"（参看第63页）。另一方面，"让真理发生"中的"发生"是在澄明与遮蔽中的运动，确切地说，乃是在两者之统一中的起作用的运动，也即自行遮蔽——由此又产生一切自行澄亮——的澄明的运动。这种"运动"甚至要求一种生产意义上的固定；这里，我们是在本文第59页所说的意义上来理解"带来"的，在那里我们曾说，创作的（创造的）生产"毋宁说是在与无蔽状态之关联范围内的一种接收和获取"。

根据前面的阐释，我们在第60页中所用的"集置"（Ge-stell）一词的含义就得到了规定：它是生产之聚集，是让显露出来而进入作为轮廓（πέρας）的裂隙中的聚集。通过如此这般被理解的"集置"，就澄清了作为形态的μορφή［形式］的希腊意义。实际上，我们后来把它当作现代技术之本质的明确的主导词语来使用的"集置"，是根据这里所说的"集置"来理解的（而不是根据书架和蒙太奇来理解的）。[89] 本文所说的"集置"是更根本性的，因为它是存在命运性的。作为现代技术之本质的集置源出于希腊人所经验的"让呈现"，亦即λόγος［逻各

89　德文Gestell一词的日常含义为"支架、座架"（已故熊伟先生因此译之为"座架"），海德格尔以Gestell一词思技术的本质，有别于"书架"（Büchergestell）中的Gestell以及"蒙太奇"（Montage）的"装配"之义。我们主要取其字面意义，译多为"集置"。——译注

斯］，源出于希腊语中的ποίησις［创作］和θέσις［置立］。在集置之摆置中，现在也即说，在使万物进入保障的促逼（Herausfordern）中，道出了ratio reddenda 即λόγον διδόναι［说明理性］的要求；而无疑地，今天这种在集置中的要求承接了无条件的统治地位，表象（Vor-stellen）由希腊的知觉而聚集为保障和固定（Sicher-und Fest-Stellen）了。

在倾听《艺术作品的本源》中的"固定"和"集置"等词语之际，我们一方面必须放弃设置和集置的现代意义，但另一方面，我们同时要看到，决定着现代的作为集置的存在乃源出于西方的存在之命运，它并不是哲学家凭空臆想出来的，而是被委诸于思想者的思想了——这个事实及其情形，也是我们不可忽视的（参看拙著《演讲与论文集》，第28页和49页）。

在第58—59页上，我们以简单的措词给出了关于"设立"和"真理在存在者中设立自身"的规定。要说明这种规定也是很困难的。这里，我们又必须避免在现代意义上以技术报告的方式把"设立"（Einrichten）理解为"组织"和完成。而毋宁说，"设立"令我们想到前述所说的"真理与作品之牵连"，即真理本身以作品方式存在着，在存在者中间成为存在着的。

如果我们考虑到，作为存在者之无蔽状态的真理如何仅只表示存在者本身的在场，亦即存在，那么，关于真理（即存在）在存在者中的自行设立的谈论就触及了存在学差异的问题（参看拙著《同一与差异》，1957年，第37页）。因此之故，我们曾小心翼翼地说："由于指出敞开性自行设立于敞开领域之中，思想就触及了一个我们在此还不能予以说明的区域"（参看第57页）。《艺术作品的本源》全文，有意识但未予挑明地活动在对存在之本质的追问的道路上。只有从存在问题出发，对"艺术是什么"这个问题的沉思才得到了完全的和决定性的规定。我们既不能把艺术看作一个文化成就的领域，也不能把它看作一个精神现象。艺术归属于本有（Ereignis），而"存在的意义"（参看《存在与时间》）唯从本有而来才能得到规定。[90] 艺术是什么的问题，是本文中没有给出答案的诸种

90　后期海德格尔以一个非形而上学的词语Ereignis来取代形而上学的"存在"（Sein）范畴。Ereignis

问题之一。其中仿佛给出了这样一个答案，而其实乃是对追问的指示（参看本文"后记"开头几句话）。

第66页和第73页上的两个重要线索就是这种指示。在这两个地方谈到一种"模棱两可"。第66页上，在把艺术规定为"真理之自行设置入作品"时，指明了一种"根本性的模棱两可"。根据这种规定，真理一会儿是"主体"，一会儿又是"客体"。[91] 这两种描述都是"不恰当的"。如果真理是"主体"，那么"真理之设置入作品"这个规定就意味着："真理之自行设置入作品"（参见第66、73页）。这样，艺术就是从本有（Ereignis）方面得到思考的。然而，存在乃是对人的允诺或诉求（Zusprunch），没有人便无存在。因此，艺术同时也被规定为真理之设置入作品，此刻的真理便是"客体"，而艺术就是人的创作和保存。

在人类与艺术的关系内出现了真理之设置入作品中的另一个模棱两可，这就是第66页上面所谓的创作和保存的模棱两可。按前述的说法，艺术作品和艺术家"同时"基于艺术的现身本质中。在"真理之设置入作品"这一标题中——其中始终未曾规定但可规定的是，谁或者什么以何种方式"设置"——隐含着存在和人之本质的关联。这种关联甚至在本文中也被不适宜地思考了——这乃是一个咄咄逼人的难题，自《存在与时间》以来我就看清了这个难题，继之在各种著作中对它作了一些表述（参看《面向存在问题》和本文第58页："所要指出的只是，……"）。

有"成其本身""居有自身""本来就有"之意义，故我们考虑译之为"本有"。又鉴于海德格尔的解说，以及他对中国老子之"道"的思想的汲取（海德格尔认为，他所思的Ereignis可与希腊的λόγος〔逻各斯〕和中国的"道"并举，并把Ereignis的基本含义解释为"道说""道路""法则"等），我们也曾译之为"大道"。关于"大道"一译，可参看海德格尔：《在通向语言的途中》，中译本，孙周兴译，商务印书馆，1997年。

关于"本有"的集中思考，可参看海德格尔：《哲学论稿——从本有而来》（作于1936—1938年），《全集》，第65卷，美茵法兰克福，1989年。值得指出的是，本书正文中较少出现Ereignis一词，而在作者后来在自己的样书中所加的"作者边注"中则较多地出现了该词。本文"后记"作于1956年，其时海德格尔的"本有"（Ereignis）之思已趋于明确了。——译注

91　此处"主体"（Subjekt）和"客体"（Objekt）两词或可译"主词"和"宾词"。——译注

　　然后，在这里起决定作用的问题集中到探讨的根本位置上，我们在那里浮光掠影地提到了语言的本质和诗的本质；而所有这一切又只是在存在与道说（Sein und Sage）的共属关系方面来考虑的。

　　一个从外部很自然地与本文不期而遇的读者，首先并且一味地，势必不是从有待思想的东西的缄默无声的源泉领域出发来设想和解说事情真相的。这乃是一个不可避免的困境。而对于作者本人来说，深感迫切困难的是，要在道路的不同阶段上始终以恰到好处的语言来说话。

筑·居·思（1951年）¹

　　在本文中，我们试图对栖居和筑造做出思考。我们这种关于筑造的思考并不自以为要发明建筑观念，甚或给建筑活动制定规则。我们这种思想尝试根本不是从建筑艺术和技术方面来描述筑造的，而是要把筑造纳入一切存在之物所属的那个领域中，以此来追踪筑造。

　　我们问：

　　一、什么是栖居？

　　二、在何种意义上筑造归属于栖居？

一

　　看起来，我们似乎只有通过筑造才能获得栖居。筑造以栖居为目标。可是，并非所有的建筑物都是居所。桥梁和候机室，体育场和发电厂，是建筑物，但并不是居所；火车站和高速公路，水坝和商场，是建筑物，但并不是居所。不过，上述建筑物依然处于我们的栖居的领域当中。这个领域超出了这些建筑物，而又不限于居所。卡车司机以高速公路为家，但那里并没有他的住宿地；女工以纺织

1　译文根据海德格尔：《演讲与论文集》（*Vorträge und Aufsätze*），全集版，维多里奥·克劳斯特曼出版社，2000年；中译文原由生活·读书·新知三联书店2005年出版。在正文中，我们也把本文标题"筑·居·思"的三个词分别译为："筑造""栖居""思想"。——译注

厂为家，但那里并没有她的居所；总工程师以发电厂为家，但他并不住在那里。上述建筑物为人提供住处。人靠它们而居住；但如果栖居意味着我们占用某个住宿地的话，那么，人就并不居住在这些建筑物中。当然，在今天的住房困难条件下，占用某个住宿地就已经令人心安和开心了；住宅建筑可以为人们提供住宿地，今天的居所甚至可以有良好的布局，便于管理，价格宜人，空气清新，光照充足，但是：居所本身就能担保一种栖居（Wohnen）的发生吗？而那些并非居所的建筑物，就它们服务于人的栖居而言，本身还是从栖居方面得到规定的。倘若这样的话，栖居在任何情形下就都会是支配一切筑造的目的了。栖居与筑造相互并存，处于目的与手段的关系中。然而，只要我们仅仅持这种看法，我们就把栖居和筑造看作两种分离的活动，从中表象出某种正确的东西。但同时，我们通过目的—手段的模式把本质性的关联伪装起来了。

因为筑造不只是获得栖居的手段和途径，筑造本身就已经是一种栖居。谁向我们道出此点的呢？究竟谁给我们一个尺度，让我们去测度栖居和筑造的本质？假如我们留心语言的特有本质的话，关于一件事情的本质的呼声（Zuspruch）就会从语言而来走向我们。无疑地，时下在全球范围内喧嚣着一种放纵而又圆滑的关于被言说的东西的说、写和播。人的所作所为俨然他就是语言的构成者和主人，而实际上，语言才是人的主人。也许首要地，正是由人所推动的对这种支配关系的颠倒，把人的本质逐入阴森之境（das Unheimische）。我们注重言说的细心，这固然是好的；但只要在这里语言也还仅仅作为表达的工具为我们效力，那么，这种注重就还无所助益。在我们人能够从自身而来一道付诸言说的所有呼声中，语言乃是最高的、处处都是第一性的呼声。

那么，什么叫筑造呢？古高地德语中表示筑造的词语，即"buan"，意味着栖居。后者表示：持留、逗留。动词筑造也即栖居的真正意义对我们来说已经失落了。一丝隐隐的痕迹还保留在"邻居"（Nachbar）一词中。邻居就是"Nachgebur""Nachgebauer"，是在切近处居住的人。动词buri，büren，beuren和beuron，意思都是居住、居住场所。眼下无疑地，buan这个古词不仅告诉我们筑造说到底就是栖居，而且同时也暗示我们必须如何来思考由此词所命名的栖居。说到栖居，我们通常以为是一种行为，是人类在其他许多行为方式之外也在做的一种行为。我们在这里工作，在那里居住。我们不单单是居住着——这近乎无所事事；我们还从事职业活动，我们经商，旅行，在途中居住，一会儿在此地，一会儿在彼地。筑造原始地意味着栖居。在筑造一词还源始地言说之处，它同时也道出了栖居的本质所及的范围。筑造，即古高地德语中的buan，bhu，beo，也就是我们现代德语中的"是"（bin），如在下列说法中：我是（ich bin），你是（du bist），以及命令式bis，sei。那么，什么叫"我是"呢？含有"是"（bin）的意思的古词bauen给出回答："我是""你是"意味着"我居住""你居住"。"我是"和"你是"的方式，即我们人据以在大地上存在（sind）的方式，乃是Buan，即居住。所谓人存在，也就是作为终有一死者在大地上存在，意思就是：居住。古词bauen表示：就人居住而言，人存在（sei）。但这个词同时也意味着：爱护和保养，诸如耕种田地，种植葡萄。这种筑造只是守护着植物从自身中结出果实的生长。在爱护和保养意义上的筑造不是置造（Herstellen）。相反，船舶建筑和寺庙建筑却以某种方式置造出它们的作品本身。在这里，与保养相区别，筑造乃是一种建立。作为保养的筑造（即拉丁语的colere，cultura）和作为建筑物之建立的筑造（即拉丁语的aedificare）——这两种筑造方式包含在真正的筑造即栖居中。但对于人类的日常经验来说，作为栖居的筑造，也即在大地上存在，自始就是——正如我们的语言十分美好地说出的那样——"习以为常的东西"[2]。因此之故，这种筑造便让路给栖居所实行的多样方式，让路给保养和建立活动。这些活动随后取得了筑造这个名称，并借此独占了筑造的事情。筑造的真正意义，即栖居，陷于被遗忘状态中了。

这一事件初眼看来似乎只是纯粹字面上的意义变化的过程。而实际上，其中隐藏着某种决定性的东西，那就是：栖居并没有被经验为人的存在；栖居尤其没有被思考为人之存在的基本特征。

仿佛是语言把筑造即栖居的真正意义收回去了，但这却证明了此类意义的原

2　这里似应注意"习以为常的东西"（Gewohnte）与"栖居、居住"（Wohnen）两个德语词语之间的联系。——译注

始性；因为在语言的根本话语中，它所真正要道说的东西很容易为了那些浅显的意思而落入被遗忘状态之中。对于这一过程的奥秘，人们几乎还未曾思索。语言从人那里收回了它简单的和高级的言说。不过，语言的原初呼声并没有因此而暗哑，它只是缄默不语而已。而人却不去留意这种沉默。

然而，如果我们倾听到语言在筑造一词中所道说的东西，我们就能觉知如下三点：

一是筑造乃是真正的栖居。
二是栖居乃是终有一死的人在大地上存在的方式。
三是作为栖居的筑造展开为那种保养生长的筑造与建立建筑物的筑造。

如果我们考虑到这三点，我们就能获悉一种暗示，并且觉察到下面的事情：只要我们对任何筑造本就是一种栖居这回事情不加思索，那么，我们甚至不能充分地追问——更遑论实事求是地加以决断了——建筑物的筑造本质上是什么。我们栖居，并不是因为我们已经筑造了；相反地，我们筑造并且已经筑造了，是因为我们栖居，也即作为栖居者而存在。但栖居的本质何在呢？让我们再来倾听一下语言的呼声：古萨克森语中的"wuon"和哥特语中的"wunian"，就像bauen这个古词一样，也意味着持留、逗留。而哥特语中的"wunian"更清楚地告诉我们应如何经验这种持留。Wunian意味着：满足，被带向和平，在和平中持留。和平（Friede）一词意指自由，即Frye，而fry一词意味着：防止损害和危险，"防止……"也就是保护。自由的真正意思是保护。保护（Schonen）本身不仅在于，我们没有损害所保护的东西。真正的保护是某种积极的事情，它发生在我们事先保留某物的本质的时候，在我们特别地把某物隐回到它的本质之中[3]的时候，按照字面来讲，也就是在我们使某物自由（即einfrieden）的时候。栖居，即被带向和平，意味着：始终处于自由（das Frye）之中，这种自由把一切都保护在其本质之

3　1967年第三版：本己之物（本有）。——作者边注

中。栖居的基本特征就是这样一种保护。它贯通栖居的整个范围。一旦我们考虑到，人的存在基于栖居，并且是作为终有一死者逗留在大地上，这时候，栖居的整个范围就会向我们显示出来。

但"在大地上"就意味着"在天空下"。两者一道意指"在神面前持留"，并且包含着一种"向人之并存的归属"。从一种原始的统一性而来，天、地、神、人"四方"（die Vier）归于一体。[4]

大地是效力承受者，开花结果者，它伸展于岩石和水流之中，涌现为植物和动物。当我们说大地，我们就已经一道思及其他三方，但并没有思索四方之纯一性（Einfalt der Vier）。

天空是日月运行、群星闪烁、四季轮转，是昼之光明和隐晦，是夜之暗沉和启明，是节气的温寒，是白云的飘忽和天穹的湛蓝深远。当我们说天空，我们就已经一道思及其他三方，但并没有思索四方之纯一性。

诸神是有所暗示的神性（Gottheit）使者。从神性那神圣的支配作用中，神显现而入于其当前，或者自行隐匿而入于其掩蔽。当我们指出诸神，我们就已经一道思及其他三方，但并没有思索四方之纯一性。

终有一死者乃是人。[5] 人之所以被叫作终有一死者，是因为人能够赴死。赴死意味着能够承受作为死亡的死亡。唯有人赴死，而且只要人在大地上，在天空下，在诸神面前持留，人就不断地赴死。当我们指出终有一死者，我们就已经一道思及其他三方，但我们并没有思索四方之纯一性。

我们把这四方的纯一性称为四重整体（das Geviert）。终有一死的人通过栖居而在四重整体中存在。但栖居的基本特征乃是保护。终有一死者把四重整体保护在其本质之中，由此而得以栖居。相应地，栖居着的保护也是四重的。

终有一死者栖居着，因为他们拯救大地——"拯救"一词在此取莱辛还识得

4　此处"天、地、神、人"乃是我们对"天空"（der Himmel）、"大地"（die Erde）、"诸神"（die Göttlichen）、"终有一死者"（die Sterblichen）的简译。——译注

5　海德格尔把人称为"终有一死者"（die Sterblichen），意在突出强调人的有限性。在某些语境里，我们也译之为"终有一死的人"；在少数情况下也简译之为"人"。——译注

的那种古老意义。拯救不仅是使某物摆脱危险；拯救的真正意思是把某物释放到它本己的本质之中。拯救大地远非利用大地，甚或耗尽大地。对大地的拯救并不是要控制大地，也不是要征服大地——后者不过是无限制的掠夺的一个步骤而已。

终有一死者栖居着，因为他们接受天空之为天空。他们一任日月运行、群星游移，一任四季的幸与不幸。他们并不使黑夜变成白昼，使白昼变成忙乱的烦躁不安。

终有一死者栖居着，因为他们期待着作为诸神的诸神。他们怀着希望向诸神提出匪夷所思的东西（das Unverhoffte）。[6] 他们期待着诸神到达的暗示，并没有看错诸神缺失的标志。他们并不为自己制造神祇，并不崇拜偶像。在不妙中他们依然期待着已经隐匿了的美妙。[7]

终有一死者栖居着，因为他们把他们本己的本质——也即他们有能力承受作为死亡的死亡——护送到对这种能力的使用中，借以得一好死。把终有一死者护送到死亡的本质中，这决不意味着：把作为空洞之虚无的死亡设定为目标。它的意思也不是说：由于盲目地死盯着终结而使栖居变得暗沉不堪。

在拯救大地、接受天空、期待诸神和护送终有一死者的过程中，栖居发生为对四重整体的四重保护。保护意味着：守护四重整体的本质。[8] 得到守护的东西必定得到庇护。但如果栖居保护着四重整体，那么，它在哪里保藏着四重整体的本质呢？终有一死者如何实现作为这种保护的栖居呢？倘若栖居仅仅[9]是一种在大地上、在天空下、在诸神面前和与人一道的逗留，那么，终有一死者就决不能实现这种作为保护的栖居。而毋宁说，栖居始终已经是一种在物那里的逗留。作为保护

6　得以突兀地让"窥听"（"Verhoffen" lassen）——但借此（以这种让）以更隐蔽的方式抑制起来。——作者边注

7　此句中的"不妙"（Unheil）、"美妙"（Heil）与"神圣者"（das Heilige）有着字面和意义联系。——译注

8　1967年第三版：但如果拒绝又如何？对拒绝的顺应——更多地把它最本己的居有（Er-eignen）在道说（Sage）中显示出来——何时？那么……。——作者边注

9　1967年第三版：不清楚！不再是存在学差异了。——作者边注

的栖居把四重整体保藏在终有一死者所逗留的东西中，也即在物（Dingen）中。

不过，这种在物那里的逗留并不是作为某个第五方而仅仅依附于前述的四重保护，相反，在物那里的逗留乃是在四重整体中的四重逗留一向得以一体地实现的唯一方式。栖居通过把四重整体的本质[10] 带入物中而保护着四重整体。但只有当物本身作为物而被允许在其本质中，[11] 物本身才庇护着四重整体。这又是如何发生的呢？乃是由于终有一死者爱护和保养着生长的物，并特别地建立着那些不生长的物。保养和建立就是狭义上的筑造。就栖居把四重整体保藏在物之中而言，栖居作为这种保藏乃是一种筑造。由此，我们便踏上了第二个问题的道路。

二

在何种意义上筑造归属于栖居？

对这个问题的回答将向我们阐明：根据栖居的本质来看，筑造真正是什么。我们且限于讨论物之建立意义上的筑造，并且要问：什么是一个被筑造的物？作为例子，一座桥可帮助我们思考。

桥"轻松而有力地"飞架于河流之上。[12] 它不只是把已经现成的河岸连接起来了。在桥的横越中，河岸才作为河岸而出现。桥特别地让河岸相互贯通。通过桥，河岸的一方与另一方相互对峙。河岸也并非作为坚固陆地的无关紧要的边界线而沿着河流伸展。桥与河岸一道，总是把一种又一种广阔的后方河岸风景带向河流。它使河流、河岸和陆地进入相互的近邻关系之中。桥把大地聚集为河流四周的风景。它就这样伴送河流穿过河谷。桥墩立足于河床，承载着桥拱的曲线；桥拱一任河水漂流而去。河水也许宁静欢快地不断流淌，在暴风雨和解冻期，冲

10　1967年第三版：特有之物。——作者边注

11　1967年第三版：本己之物。——作者边注

12　1967年第三版：架桥、渡过（überbrücken），河岸之间的河流。——作者边注

天的洪水也许以骇人的巨浪冲击桥墩，而桥已经为天气及其无常本质做好了准备。即便在桥覆盖河流之处，桥也堵住了河流的冲天水流，因为这时候，桥把水流纳入拱形的桥洞，又从中把水流释放出来。

桥让河流自行其道，同时也为终有一死的人提供了道路，使他们得以往来于两岸。桥以多重方式伴送人们。城里的桥从城堡通向教堂广场，乡镇前的桥把车水马龙带向周围的村子。水溪上毫不起眼的石板桥为丰收的车队提供了从田野到村子的通道，承荷着从乡间小路到公路的伐木车辆。高速公路上的桥被编织入进行计算的、尽可能快的长途交通的网络中。始终而且各不相同地，桥来回伴送着或缓或急的人们的道路，使他们得以到达对岸，并且最后作为终有一死者到达彼岸。桥飞架于河流和峡谷之上，或以高高的桥拱，或以低低的桥拱；不论是牢记还是遗忘了这种飞架的桥面道路，终有一死的人，总是已经在走向最后一座桥的途中的终有一死者，从根本上都力求超越他们的习惯和不妙，从而把自己带到诸神的美妙面前。作为飞架起来的通道，桥在诸神面前聚集——不论诸神的在场是否得到了专门的思考，并且明显地犹如在桥的神圣形象中得到了人们的感谢，也不论诸神的在场是否被伪装了，甚或被推拒了。

桥以其方式把天、地、神、人聚集于自身。

按照我们德语中的一个古老词语，聚集（Versammelung）被叫作"物"（thing）。桥是一物——而且是作为前面所述的对四重整体的聚集。诚然，人们以为，桥首先和本来都纯然只是一座桥而已。随后偶尔地，桥可能还会表达出某些东西。进而，作为这样一种表达，桥才成为象征，才成为说明我们前面所指出的所有东西的例子。然而，只要是一座真正的桥，桥就决非首先是一座单纯的桥，尔后是一个象征。桥同样也并不首先是一个象征——就它表达出某种严格讲来并不属于它的东西而言的一个象征。如果我们严格地看待桥，它就决不显示为表达。桥是一个物，而且仅仅是这一物。仅仅吗？作为这一物，桥聚集着四重整体。

无疑，我们的思想自古以来就习惯于过于贫乏地估计物的本质。这在西方思想的进程中导致人们把物表象为一个未知的带有可感知特性的。由此看来，那已经包含在这一物的聚集着的本质中的一切，当然都向我们显现为事后被穿凿附会地说明的配件了。可是，倘若桥不是一个物，那它就决不会是一座单纯的桥了。

诚然，桥是一个独具方式的物；因为它以那种为四重整体提供一个场所（Stätte）的方式聚集着四重整体。但只有那种本身是一个位置（Ort）的东西才能为一个场所设置空间。位置并不是在桥面前现成的。当然啰，在桥出现之前，沿着河流已经有许多能够为某物所占据的地点了。其中有一个地点作为位置而出现，而且是通过桥而出现的。所以说到底，桥并非首先站到某个位置上，相反，从桥本身而来才首先产生了一个位置。桥是一个物，它聚集着四重整体，但它乃是以那种为四重整体提供一个场所的方式聚集着四重整体。根据这个场所，一个空间由之得以被设置起来的那些场地和道路才得到了规定。

以这种方式成为位置的物向来首先提供出诸空间。"空间"一词所命名的东西由此词的古老意义道出。空间（Raum），即Rum，意味着为定居和宿营而空出的场地。一个空间乃是某种被设置的东西，被释放到一个边界（即希腊文的πέρας［边界、界限］）[13]中的东西。边界并不是某物停止的地方，相反，正如希腊人所认识到的那样，边界是某物赖以开始其本质的那个东西。因此才有ρισμς即边界这个概念。空间本质上乃是被设置起来的东西（das Eingeräumte），被释放到其边界中的东西。这个被设置的东西一向得到了允诺，因而通过一个位置，也就是通过桥这种物而被接合，亦即被聚集起来。因此，诸空间乃是从诸位置那里而不是从"这个"空间那里获得其本质的。[14]

作为位置而提供一个场所的那些物，我们眼下先称之为建筑物。之所以这样称，乃因为它们是通过有所建立的筑造而被生产出来的。不过，只有当我们首先思考了那些物的本质，那些本身为其置造而需要筑造（作为生产）的物的本质，我们才能经验到这种生产也即筑造必定具有何种方式。这些物乃是位置，它们为四重整体提供一个场所，这个场所一向设置出一个空间。在这些作为位置的物的

13　亚里士多德：τόπος πέρας τοῦ περιέχοντος σώματος ἀκίνητον — ὁ τόπος ἀγγεῖον ἀμετακίνητον（空间是包容着物体的边界——是不动的容器）（《物理学》，212a5）。——作者边注

14　复数的"诸空间"（die Räume）是海德格尔在"天、地、神、人"之"四重整体"意义上所思的空间，区别于单数的"这个"空间（"der" Raum），后者是"广延"意义上的空间，海德格尔也称之为"数学上被设置的空间"。——译注

本质中，包含着位置与空间的关联，但也包含着位置与在位置那里逗留的人的联系。因此之故，我们现在要尝试通过下面简短的思索，来说明这些被我们称为建筑物的物的本质。

首先，位置与空间处于何种联系中？其次，人与空间的关系是何种关系？

桥是一个位置。作为这样一个物，桥提供出一个容纳了天、地、神、人的空间。桥所提供出来的空间包含着距桥远近不同的一些场地。而这些场地眼下可以被看作单纯的地点，其间有一种可测的距离；一种距离，即希腊语的στ διον，始终已经被设置空间了，而且是通过单纯的地点（Stellen）而被设置空间的。如此这般由地点所设置的东西乃是一种特有的空间。作为距离，作为Stadion，空间乃是拉丁语中表示Stadion的同一个词向我们道出的东西，即一个"spatium"［空间、距离］，一个间隔（Zwischenraum）。因此，人与物之间的近和远就可能成为单纯的疏离，成为间隔之距离。现在，在一个仅仅被表象为spatium［空间、距离］的空间中，桥只显现为在一个地点上的某物，这个地点无论何时都可能为其他某个东西所占据，或者可能由一种单纯的标记所替代。不止于此，从作为间隔的空间中还可以提取出长度、高度和深度上各个纯粹的向度。这种如此这般被抽取出来的东西，即拉丁语的abstractum［抽象物］，我们把它表象为三个维度的纯粹多样性。不过，这种多样性所设置的空间也不再由距离来规定，不再是一个spatium［空间、距离］，而只还是extensio，即延展。但作为extensio［延展、广延］的空间还可以被抽象，被抽象为解析代数学的关系。这些关系所设置的空间，乃是对那种具有任意多维度的多样性的纯粹数学构造的可能性。我们可把这种在数学上被设置的空间称为"这个"空间。但在此意义上的"这个"空间并不包含诸空间和场地（die Räume und Plätze）。我们在其中找不到位置，也即找不到桥这种物。恰好相反地，在由位置所设置的诸空间中，总是有作为间隔的空间，而且在这种间隔中，又总有作为纯粹延展的空间。无论何时，spatium［空间、距离］和extensio［延展、广延］都给出可能性，使我们能够根据距离、路线和方向来测度物和物所设置的空间，并且计算这些尺度。但是，尺寸及其维度决不仅仅由于它们普遍地适用于一切延展之物，也就成了那些可以用数学来测度的诸空间和诸位置之本质的根据。至于其间甚至连现代物理学也如何已经为事情本身所逼，不得不把宇宙空间的空间性媒介表象为一种由作为动力中心的物体所决定的场的统一性，这个情形我们在此不能予以探讨了。

我们日常所穿越的空间[15] 是由位置所设置的；其本质植根于建筑物这种物之中。如果我们注意到位置与诸空间、诸空间与空间之间的这种联系，我们就获得了一个依据，借以思考人与空间的关系。

说到人与空间，这听起来就好像人站在一边，而空间站在另一边似的。但实际上，空间决不是人的对立面。空间既不是一个外在的对象，也不是一种内在的体验。并不是有人，此外还有空间；因为，当我说"一个人"并且以这个词来思考那个以人的方式存在——也即栖居——的东西时，我已经用"人"这个名称命名了那种逗留，那种在寓于物的四重整体之中的逗留。即便当我们与那些并不在可把捉的近处存在的物发生关系时，我们也在物本身那里逗留了。我们不仅仅在内心中——正如人们所教导的那样——表象遥远的物，以至于只有作为遥远之物的替代品的关于物的观念在我们内心和脑袋里穿行。如果我们全体现在从这里出发来回忆海德堡那座古桥，那么，对那个位置的怀念决不是这里在场的诸位心里的一种纯粹体验，而毋宁说，我们对这座古桥的思念的本质就包含着下面这样一回事情，即：这种思念在自身中经受着那个位置的遥远。我们从这里出发寓于那座桥而存在，而不是寓于我们意识中的一个观念内容而存在。我们由此出发甚至能够更切近于那座桥以及它所设置的空间，能够比那个日常把那座桥当作无关紧要的河上通道来利用的人切近得多。诸空间以及与诸空间相随而来的"这个"空间，总是已经被设置于终有一死者的逗留之中了。诸空间自行开启出来，因为它们被纳入人的栖居之中。终有一死者存在，这就是说：终有一死者在栖居之际根据他们在物和位置那里的逗留而经受着诸空间。而且，只是因为终有一死者依其本质经受着诸空间，他们才能穿行于诸空间中。但在行走中我们并不放弃那种停留。而毋宁说，我们始终是这样穿行于空间的，即：我们通过不断地在远远近近的位置和物那里的逗留而已经承受着诸空间。当我走向这个演讲大厅的出口处，

15　1967年第三版：通常的"诸空间"（Räume）。——作者边注

海德堡的古桥 　建于1786—1788年

我已经在那里了；倘若我不是在那里的话，那么我就根本不能走过去。我从来不是仅仅作为这个包裹起来的身体在这里存在；而不如说，我在那里，也就是已经经受着空间，而且只有这样，我才能穿行于空间。

即便在终有一死者进行"反省"时，他们也没有离弃那种对四重整体的归属性。当我们像人们通常所讲的那样反思自己时，我们从物而来返回到自己那里，而又没有放弃在物那里的逗留。甚至在消沉状态中出现的那种与物的关联的丧失，也是完全不可能的，哪怕这种状态还不是一种人的状态，也即一种在物那里的逗留。唯当这种逗留已经规定着人之存在，我们所寓存的那些物也才可能不向我们招呼，也才可能与我们无所关涉。

人与位置的关联，以及通过位置而达到的人与诸空间的关联，乃基于栖居之中。人与空间的关系无非就是从根本上得到思考的栖居。

当我们以我们所尝试的方式来沉思位置与空间之间的联系，而同时也来对人与空间的关系作出沉思，这当儿，就有一道光线落到作为位置而存在、并且被我们称为建筑物的那些物的本质上了。

桥是这样一种物。由于位置把一个场地安置在诸空间中，它便让天、地、神、人之纯一性进入这个场地中。位置在双重意义上为四重整体设置空间。[16] 位置允纳四重整体，位置安置四重整体。这两者，即作为允纳的设置空间和作为安置的设置空间，乃是共属一体的。作为这种双重的设置空间（Einräumen），位置乃是四重整体的一个庇护之所（Hut），或者如同一个词所说的那样，是一个Huis，一座住房（Haus）。此类位置上的这样一种物为人的逗留提供住所。这种物乃是住所，但未必是狭义上的居家住房。

这种物的生产就是筑造。筑造的本质在于：它应合于这种物的特性。这种物乃是位置，它们提供出诸空间。因此，由于筑造建立着位置，它便是对诸空间的一种创设和接合。因为筑造生产出位置，所以随着对这些位置的诸空间的接合，必然也有作为spatium［空间、距离］和extensio［延展、广延］的空间进入建筑物的物性构造中。不过，筑造从不构成"这个"空间。既不直接地构成，也不间接地构成。但由于筑造生产出作为位置的物，它依然比所有几何学和数学更切近于诸空间的本质和"这个"空间的本质来源。筑造建立位置，位置为四重整体设置一个场地。从天、地、神、人相互共属的纯一性中，筑造获得它对位置的建立的指令。从四重整体中，筑造接受一切对向来由被创设的位置所设置的诸空间的测度和测量的标准。建筑物保藏着四重整体。它们乃是以自己的方式保护着四重整体的物。保护四重整体——拯救大地，接受天空，期待诸神，护送终有一死者——这四重保护乃是栖居的素朴本质。因此，说到底，真正的建筑物给栖居以

---

16 1967年第三版：设置空间（Ein-räumen）——准许、设置——配置（Aus-statten）！（场所）。——作者边注

烙印，使之进入其本质之中，并且为这种本质提供住所。

上面所刻划的筑造乃是一种别具一格的"让栖居"（Wohnen-lassen）。如果筑造确实是这种"让栖居"，那它就已经响应了四重整体的呼声。一切计划，一切本身为图样设计开启出相应区域的计划，都建基于这样一种响应。

一旦我们试图根据"让栖居"来思考有所建立的筑造的本质，我们就能更清晰地经验到，那种生产的依据为何——而筑造就是作为这种生产来实行的。通常我们把生产看作一种活动，其成就导致一个结果，即完成了的建筑。我们可以如此这般来表象生产：我们把捉到某种正确的东西，但决没有触及其本质——其本质乃是一种有所带出的生产。因为筑造带来四重整体，使之进入一物（比如桥）之中，并且带出作为一个位置的物，使之进入已经在场者之中——后者现在才通过这个位置而被设置了空间。[17]

生产（Hervorbringen）在希腊语中被叫作τ κτω。希腊语的τ χνη，即技术，也带有前面这个动词的词根tec。对希腊人来说，τ χνη的意思既不是艺术，也不是手工艺，而是：这样或那样地让某物作为此物或彼物进入在场者之中而显现出来。希腊人是从让显现的角度来思考τ χνη即生产的。[18] 如此这般来思考的τ χνη自古以来就遮蔽在建筑的构造因素中了。近来，它还更为明确地遮蔽在动力技术的技术因素中了。但是，无论根据建筑艺术，还是根据结构工程，还是根据两者的单纯结合，我们都不能充分思考筑造生产的本质。哪怕我们在原始希腊的τ χνη意义上一味地把筑造生产思考为让显现，那种把作为在场者的被生产者带入已经在场者之中的让显现，筑造生产的本质也还不能得到适当的规定。

筑造的本质是让栖居。筑造之本质的实行乃是通过接合位置的诸空间而把位置建立起来。唯当我们能够栖居，我们才能筑造。让我们想一想两百多年前由农民的栖居所筑造起来的黑森林里的一座农家院落。在那里，使天、地、神、人纯

一地进入物中的迫切能力把这座房屋安置起来了。它把院落安排在朝南避风的山坡上，在牧场之间靠近泉水的地方。它给院落一个宽阔伸展的木板屋顶，这个屋顶以适当的倾斜度足以承荷冬日积雪的重压，并且深深地下伸，保护着房屋使之免受漫漫冬夜的狂风的损害。它没有忘记公用桌子后面的圣坛，它在房屋里为摇篮和棺材——在那里被叫作死亡之树（Totenbaum）——设置了神圣的场地，并且因此为同一屋顶下的老老少少预先勾勒了他们的时代进程的特征。筑造了这个农家院落的是一种手工艺，这种手工艺本身起源于栖居，依然需要用它的作为物的器械和框架。

唯当我们能够栖居时，我们才能筑造。指出黑森林里的一座农家院落，这决不意味着，我们应该并且能够回归到这座院落的筑造，而不如说，我们是要用一种曾在的（gewesenen）栖居来阐明栖居如何能够筑造。

但栖居乃是终有一死者所依据的存在的基本特征。也许我们这种对栖居和筑造的沉思的尝试将稍稍清晰地揭示出：筑造归属于栖居以及它如何从栖居中获得其本质。倘若栖居和筑造已经变得值得追问，并且因而已经保持为某种值得思想的东西，则我们的收获便足够矣。

不过，思想本身在相同意义上就像筑造一样——只不过是以另一种方式——归属于栖居，这一点也许可由我们这里所尝试的思路来加以证实。

筑造和思想以各自的方式对栖居来说是不可或缺的。但只要两者并不相互倾听，而是互不搭界地搞自己一套，那么，两者对栖居来说也是难以达到的。如果筑造和思想这两者都归属于栖居，如果两者保持在它们的限度之内，并且认识到一方如同另一方都来自一种长期经验和不懈实践的场所，那么，两者就能够相互倾听。

我们试图沉思栖居的本质。这条道路上的下一个步骤兴许是这样一个问题：在我们这个令人忧虑的时代里，栖居的状态又如何？所到之处，人们都在凿凿有据地谈论住房困难。不仅谈谈而已，人们也在出力。人们试图通过筹措住房、促进住房建设、规划整个建筑业，来排除这种困难。不论住房短缺多么艰难恶劣，多么棘手逼人，栖居的真正困境并不仅仅在于住房匮乏。真正的居住困境甚至比世界战争和毁灭事件更古老，也比地球上的人口增长和工人状况更古老。真正的栖居困境乃在于：终有一死的人总是重新去寻求栖居的本质，他们首先必须学会栖居。倘若人的无家可归状态就在于人还根本没有把真正的栖居困境当作这种困境来思考，那又会怎样呢？而一旦人去思考无家可归状态，它就已然不再是什么不幸了。正确地思之并且好好地牢记，这种无家可归状态乃是把终有一死者召唤入栖居之中的唯一呼声。

然而，终有一死者除了努力尽自身力量由自己把栖居带入其本质的丰富性之中，此外又能如何响应这种呼声呢？而当终有一死者根据栖居而筑造并且为了栖居而运思之际，他们就在实现此种努力。

艺术的起源与思想的规定（1967 年）[1]

主席先生！

尊敬的同事们！

先生们、女士们！

首先我代表今天在场的柏林艺术科学院的成员，感谢泰奥多拉可普罗斯（Theodorakopulos）教授的欢迎，感谢希腊政府的邀请，感谢艺术和科学院的盛情款待。

但作为客人，我们如何来表达对您、对雅典的东道主的感谢呢？

我们要尝试与您们一道思考来表示感谢。思考什么呢？在这里，在雅典的科学院，在今天这个科学技术的时代里，我们作为艺术科学院的成员，除了思考那个世界，那个一度为西方—欧洲艺术和科学创造开端的世界，还能思考别的什么呢？

诚然，从历史学上来考虑，这个世界已经过去了。但历史性地看，作为我们的命运来经验，它依然持存着，常新地成为当前：它成为这样一个东西，它等待着我们，要我们直面之，思考之，并且据此来检验我们自己的思想和构造。因

1　本文系海德格尔1967年4月4日在雅典科学和艺术学院作的报告的审订稿。作者把原稿题献给瓦尔特·比梅尔（Walter Biemel）："献给瓦尔特·比梅尔，感谢他在本人《全集》准备工作中所发挥的经验丰富的创造性帮助。弗莱堡，1974年3月10日马丁·海德格尔"。本文标题原文为：Die Herkunft der Kunst und die Bestimmung des Denkens，原载《距离与切近 ——当代艺术的反思和分析》（*Distanz und Nähe, Reflexionen und Analysen zur Kunst der Gegenwart*）（瓦尔特·比梅尔六十五岁诞辰纪念文集），耶格尔和吕特编，维尔茨堡，1983年，第11—22页。——译注

为，一种命运的开端乃是最伟大者。它先于一切后来者而起支配作用。

我们要来沉思艺术在希腊的起源。我们试图观入那个领域，它在一切艺术之前已然起着支配作用，并且首先赋予艺术以其固有特性。我们既不力求做出一个对艺术的公式化定义，我们也无权对艺术在希腊的发生史做历史学的陈述。

可是，因为我们想在我们的思索中避免想法的任意性，所以在这里，在雅典，我们想请求得到一种猜度和护送，这个城市和阿提卡地方从前的庇护者、雅典娜女神[2] 的猜度和护送。雅典娜女神的丰富神性是我们不能探究的。我们只是要探听，雅典娜对于艺术的起源能告诉我们什么。

这就是我们要追踪的一个问题。

另一个问题自发地突现出来。那就是：着眼于艺术从前的起源，今天艺术的情形如何？

最后，我们要思量的第三个问题是：思想，现在要思索艺术之起源的思想，本身是从哪里得到规定的？

一

荷马把雅典娜命名为πολύμητις[3]，即多样猜度者。何谓猜度[4] 呢？意思就是：预先思考、预先操心，并且由此使某事某物获得成功。因此，凡在人类生产某物、揭示某物、完成某事、做成某物之际，在人类行动和行为之际，雅典娜都起着支配作用。于是，雅典娜就是赫拉克勒斯在丰功伟绩方面起着猜度和协助作用的女帮手。奥林匹亚山上宙斯神庙里的缎带排额[5] 让这位女神显现出来：不可见

---

2 雅典娜（Athene）：智慧女神，掌管战争、文艺、技艺，又是雅典城邦的守护神。——译注

3 日常含义为：十分聪明的、富有创造力的。——译注

4 此处"猜度"（raten）也有劝告、建议之义。——译注

5 缎带排额（Atlasmetope）：希腊建筑用语。——译注

地依然在援助中，同时遥遥地来自其神性的高远间距。雅典娜把她特殊的猜度赠予那些制造器具、器皿和饰物的男人。每个精于制造、擅长业务、能够主管事务处理的人，都是一个τεχνίτης［艺人、高手］。当我们把这个名词翻译为"手艺人、工匠"时，我们就把它的意义理解得过于狭隘了。连那些建造建筑物和制造雕像的人，同样也被称为艺人（Techniten）。他们之所以也被这样称呼，是因为他们决定性的行为是受一种领悟（Verstehen）引导的，此种领悟冠有τέχνη［技艺］之名。这个词命名着一种知道（Wissen）。它并不是指制做和制作。知道却意味着：先行看到那个在某个产物和作品的生产过程中的关键之物。作品也可能是科学和哲学的作品、诗歌和公开演讲的作品。艺术是τέχνη［技艺］，但不是技术。艺术家是τεχνίτης［艺人］，但既不是技术员也不是工匠。

菲狄亚斯　雅典娜女神像　大理石高105厘米　古典时期前期　希腊雅典国立博物馆藏

　　因为作为τέχνη［技艺］的艺术基于一种知道，因为这种知道应当被带入那个指引形态、给予尺度，但依然不可见的东西之中，首先被带入作品的可见性和可听闻性之中，所以，这样一种对迄今尚未被视见的东西的预先洞见，就以一种别具一格的方式需要视见和光亮。

　　这种承荷艺术的预先洞见需要照亮。除了从那个女神，除了从那个既是γλαυ-κῶπις［明眼的、有浅色眼睛的］[6] 也是πολύμητις（即多样猜度者）的女神，艺术还能从何处获得这样一种照亮呢？形容词γγλαυκός［光辉的、耀眼的］命名的是大海、星辰、月亮熠熠生辉的光芒照耀，但也指橄榄树的幽幽闪光。雅典娜的眼睛乃是照耀着—照亮着的眼睛。因此之故，雅典娜也理当以猫头鹰即ἡ γλαύξ为自己的本质的标志。猫头鹰的眼睛不光是火一般热烈的，它也穿透黑夜，使通常不

6　特别指雅典娜女神。——译注

奥林匹亚宙斯神庙
建于公元前 515 年—公元 2 世纪

爱琴海风光

可见者成为可见的。

所以，品达在赞扬罗多斯（Rhodos）岛[7]及其居民的《奥林匹亚颂歌第七首》中说（第50行以下）：

> αὐτὰ δέ σφισιν ὤπασε τέχναν
>
> πᾶσαν ἐπιχθονίων Γλαυκῶπις ἀριστοπόνοις χερσὶ κρατεῖν.
>
> "而明眼女神却亲自赋予他们，
>
> 在任何艺术中胜过这些具有最佳手艺的尘世居民"。

然而，我们还须更准确地追问：女神雅典娜的猜度着—照亮着的目光指向何方？

为了找到答案，让我们来想一想阿刻罗波里斯（Akropolis）博物馆里的授予圣职的浮雕。从那里，雅典娜显现为σκεπτομένη，即沉思者。这位女神的沉思目光朝向哪里呢？朝向界石，朝向边界。但边界不只是轮廓和范围，不只是某物终止的所在。边界乃是某物借以聚集到其本己之中的东西，为的是由之而来以其

7　爱琴海东部的一个岛，靠近米利都。——译注

丰富性显现出来，进入在场状态而显露出来。雅典娜在沉思边界之际已经看到，人类的行为首先必须预见到什么，才能使如此这般见到的东西进入一个作品的可见性之中而产生出来。更有甚者：这位女神的沉思目光不仅观看到人类可能作品的不可见形态。雅典娜的目光首先已经落在那个东西上，后者让不只需要人类制作过程的事物自发地进入其在场状态的特征中而涌现出来。对于这个东西，希腊人自古以来都把它称为φύσις［涌现、自然］[8]。罗马人用natura来翻译φύσις［涌现、自然］一词，尤其是由此而来在西方—欧洲思想中成为主导性的自然概念，掩盖了φύσις［涌现、自然］所指的意义，即：自发地入于其当下边界之中而涌现出来并且在其中逗留的东西。

对于φύσις［涌现、自然］的神秘性，我们即便在今天也还是可以在希腊经验到的——而且只有在这里，也就是只有当一座山、一个岛、一片海岸、一棵橄榄树以一种令人震惊而又抑制的方式显现出来之际。我们听说，这或许取决于独一无二的光线。人们确有某种权利这样说，不过这话仅仅触及某种表层肤浅的东西。人们放弃了思索，这种罕见之光从何而来得到允诺，它作为它所是的东西归属于何处。唯有在这里，在希腊，世界整体已经作为φύσις［涌现、自然］向人诉说，并且把人纳入自己的诉求之中，人类的颖悟和行为，一旦它受到逼迫，不得不根据自己的能力把这样一个东西（后者应当作为作品让一个迄今尚未显现出来的世界显现出来）带入在场状态之中，那么它就可能而且必须应合于这种诉求。

艺术应合于φύσις［涌现、自然］，但却决不是已然在场者的一种复制和描摹。Φύσις［涌现、自然］与τέχνη［技艺］以一种神秘的方式共属一体。然而，使φύσις［涌现、自然］与τέχνη［技艺］得以共属一体的那个要素，以及艺术为了成为它所是的东西而必须投身其中的那个领域，依然是蔽而不显的。

诚然，早在早期希腊，诗人们和思想家们已经触及到这个奥秘了。允诺所有在场者以其在场状态的那种光亮显示出它那聚集起来的、在闪电中突兀昭示的运作。

赫拉克利特说（残篇第六十四）：τὰ δε πάντα οἰακίζει κεραυνός。 "而闪电

8　希腊词语Φύσις通译为"自然"；海德格尔把它译解为"涌现"或"涌现之自然"。——译注

操纵一切"。这意思是说：闪电一下子带来和操纵着自发地在其特征中的在场者。闪电是由至高的神宙斯奋力发出的。那么雅典娜呢？她是宙斯的女儿。

差不多与赫拉克利特讲这句话的同一个时候，诗人埃斯库罗斯在《阿伽门农》三部曲（在雅典最高法院上演）的最后一个场景中（《降福女神》（Eumeniden），第827—828行）让雅典娜说：

> καὶ κλῆδας οἶδα δώματος μόνη θεῶν
> ἐν ᾧ κεραυνός ἐστιν ἐσφραγισμένος.
> "在诸神中，只有我知道通向那座房屋的钥匙，
> 闪电封闭地紧密地安居于其中"。

借助于这种知识，作为宙斯之女的雅典娜就是多样猜度的（即πολύμητις），是明亮地观看的（即γλαυκῶπις和σκεπτομένη）、沉思着边界的女神。

哪怕只是为了对艺术在希腊的起源有一丁点的猜度，我们也必须展开我们的思绪，深入雅典娜女神的遥遥的运作之近处。

二

那么今天呢？古老的诸神已经逃之夭夭了。无论古今，都没有一个诗人能像荷尔德林这样经验到诸神的这种逃遁，并且把它诉诸词语而创建出来。在他献给酒神狄奥尼索斯的哀歌《面包与美酒》中，荷尔德林问道（第四节）：

> "哪里，到底哪里闪耀着远播的神谕？
> 德尔斐昏昏欲睡，何处鸣响着伟大的命运？"[9]

9　或译"命运性的东西"。——译注

两千五百年后的今天，还有一种艺术服从于与当时希腊艺术相同的要求吗？如果没有，那么，所有领域的现代艺术所应合的要求从何而来呢？现代艺术的作品不再起源于一个民族世界和国家世界的烙印性边界。它们属于世界文明的普遍性。世界文明的机制和设置是通过科学技术而得到筹划和操纵的。科学技术决定了人在世界上的逗留的方式和可能性。断言我们生活在一个科学世界里，而且断言我们用"科学"这个称号指的是自然科学、数学物理，这当然只是强调了太过熟知的东西而已。

与此相应，显然不难说明，艺术在今天必须与之相呼应的那种要求所从出的领域，乃是科学的世界。

对于是不是赞成这一点，我们深感迟疑。我们束手无策。因此我们问：什么叫这个——"科学的世界"？为了澄清这个问题，尼采早在19世纪80年代末就先行道出了一句话。他说：

"我们19世纪的标志并不是科学的胜利，而是科学方法对于科学的胜利"。

（《强力意志》第466条）

尼采这句话需要我们做一番解说。

在这里，什么叫"方法"？什么叫"方法的胜利"？"方法"在此并不是指科学研究借以处理课题确定的对象区域的工具。而毋宁说，方法指的是预先界定处于对象性中的当下研究对象之区域的方式。方法乃是先行的世界筹划，这种世界筹划确定了世界只能从哪个方面被探究。而那是什么呢？答曰：在实验中可通达的和可检验的一切东西的普遍可计算性。个别科学在其运作过程中始终是服从这种世界筹划的。因此，如此这般被理解的方法就是"对于科学的胜利"。这种胜利包含着一种决断。后者说的是：唯有科学上可证明的，亦即可计算的才被视为真正现实的。可计算性使世界变得处处时时可为人类所掌握。方法是根据一种对人类而言普遍的可支配性对世界的胜利挑战。在欧洲——在这个地球的其他任何地方都没有——方法对于科学的胜利通过伽利略和牛顿在17世纪开始了它的进程。

在今天，方法的胜利展开到它作为控制论的极端可能性之中。希腊语中的κυ-βερνήτης一词乃是表示舵手的名词。科学世界变成控制论的世界。控制论的世界筹划先行假定，一切可计算的世界事件的基本特征乃是控制。某个事件为另一个事件所控制，这是通过消息的传达即通过信息来促成的。只要受控制的事件本身回到那个控制着它的事件而呈报出来，并且因此对它进行通报，那么，控制就具有信息反馈的特征。

据此看来，对处于相互联系中的事件的往复调节就是在某个循环运动中完成的。因此，调节循环（Regelkreis）就被视为在控制论上被筹划的世界的基本特征。在此基础上就有了自身调节的可能性、某个运动系统的自动化。在控制论上被表象的世界中，自动机械与生命体之间的区分就消失了。它被中性化为无区别的信息过程。控制论的世界筹划，"方法对于科学的胜利"，使一种一概相同的并且在此意义上普遍的可计算性，亦即无生命的和有生命的世界的可计算性成为可能。连人也被安置到控制论世界的这样一种千篇一律之中。人甚至以一种别具一格的方式这样被安置了。因为在控制论表象思维的视野里，人的位置就在最广大的调节循环中。按照现代关于人的观念，人也就是主体，它通过对作为客体区域的世界的处理而与之相联系。如此这般形成的当下对世界的改变回到人那里呈报出来。从控制论上来表象，主体一客体关系是信息的交互关系，是别具一格的调节循环中的反馈，而这个调节循环可以用"人与世界"这个名称来加以说明。而现在，关于人的控制论科学却在决定性的方法要求、根据可计算性的筹划最可靠地在实验中得以实现的地方，在生物化学和生物物理学中，寻找一种科学的人类学的基础。因此，在人的生命中，根据方法尺度来看决定性的生命体就是胚细胞。它不再像从前那样被视为完全发育的生命体的袖珍版。生物化学已经在胚细胞基因中发现了生命规划图（Lebensplan）。它就是被录入基因中、在那里被贮存的发育规章、纲领。科学已经认识到这个规章的字母表。人们说的是"基因信息档案"。在这种认识的基础上，人们建立了那种可靠的前景，就是要有朝一日掌握在科学技术上制造和培育人类的可能性。生物化学对人类胚细胞的基因结构的突破与核物理中的核裂变处于方法对于科学的胜利的同一轨道上。

在1884年的一则笔记中，尼采写道："人是尚未确定的动物"（第13卷，第

667条）。这个句子含有二个思想。一方面，人的本质尚未得到固定，还没有被查明。另一方面，人的实存尚未得到固定，尚未得到保障。可是现在，一位美国研究人员却宣称："人将成为能够操纵自己的进化的唯一动物"。不过，控制论感到自己不得不承认，一种对人类此在的普遍控制目前还不能得到实施。因此，在控制论科学的普遍区域里，人类暂时还被视为"干扰因子"。人类表面上自由的规划和行动产生干扰作用。

然而最近，科学也已经强行占领了这个人类实存的领域。它从事对行动着的人类的可能将来的一种方法程序上严格的探究和规划。它清算关于作为可规划之物摆在人类面前的东西的信息。这样一种将来乃是那种逻各斯（Logos）的将来时，这种逻各斯作为未来学研究屈从于方法对于科学的胜利。这门最新的科学学科与控制论的亲缘关系是显然的。

可是，只有当我们注意到这门关于人类的控制论的一未来学的科学是建立在何种前提条件上的，我们才能充分地测度这门科学的影响范围。这种前提条件所坚持的是，人被设定为社会动物。但社会却意味着：工业社会。社会是客体世界所关联的主体。虽然人们以为，通过其社会本质，人的自我性被克服了。但是，通过这种社会本质，现代人绝没有放弃自己的主体性。而毋宁说，工业社会就是上升到了极端的自我性，即主体性。在工业社会中，人唯一地投向自身，以及他所经历的世界的区域，由他自己布置而成制度的区域。然而，只有当工业社会臣服于由控制论所掌握的科学与科学技术的尺度时，它才能成为它所是的东西。但科学的权威却依赖于方法的胜利，而方法本身在由自己控制的研究的成效中展示出自己的合法性。人们把这种证明视为足够的。科学的匿名权威被视为不可触犯的。

此间在座诸位已经会不断地问：这种对控制论、未来学和工业社会的解说是要做什么？这样做，难道我们不是离我们关于艺术的起源问题太远了吗？实际上只是看起来这样，但却是不对的。

而毋宁说，对于今日人类此在情况的说明首先已经使我们做好了准备，使我们得以更深思熟虑地追问我们关于艺术之起源和思想之规定的问题。

三

我们现在要追问什么呢？是要追问今天艺术之诉求所从出的领域吗？这个领域是未来学上进行规划的工业社会的控制论世界吗？倘若我们这个世界文明的世界就是艺术由之而来被要求的领域，那么，通过上面给出的提示，我们当然已经了解了这个领域。只不过，这种了解还不是对贯通并支配这个世界本身的东西的认识。我们必须对这个在现代世界中起支配作用的东西进行思索，才可能观察到我们所寻求的艺术之起源的领域。控制论世界筹划的基本特征乃是使信息反馈得以进行的调节循环。最广大的调节循环包括了人与世界的交互关系。在这种包括中起支配作用的是什么呢？人的世界关联以及与之相随的人的整个社会实存已经被吸纳入控制论科学的统治区域中了。

这同一种被吸纳状态，亦即同一种拘禁状态，显示在未来学中。那么，通过未来学应当在方法上更严格地得到研究的将来是何种将来呢？将来被表象为"人所要面临的"东西。可是，这个人所面临的东西的内容必然地仅限于从当前出发并且为了当前而被计算出来的东西。可以为未来学研究的将来只不过是一种被延长了的当前。人始终被吸纳入由他计算出来的并且为他计算出来的诸种可能性的范围里了。

那么工业社会呢？工业社会乃是以自身为目标的主体性。所有客体都被归于这种主体。工业社会已经趾高气扬地展开为一切客体性的无条件尺度了。由此显而易见，工业社会的存在乃基于它被吸纳入自己的制作物之中的情况。

工业社会的世界开始成为一个控制论的世界。在这样一个工业社会范围里艺术的情形如何呢？艺术表达成了一种在这个世界中并且为这个世界的信息吗？艺术的生产是不是取决于它满足了工业调节循环及其持续可实行性的过程特征呢？如果是这样，作品还可能是作品吗？难道作品的现代意义不在于：为了创造过程的连续实行而预先已经被超越？—这个创造过程唯根据自身而自行调节并且因而始终被纳入它自身中了。现代艺术是不是显现为在工业社会和科学技术世界的调节循环中的一种信息反馈呢？众说纷纭的"文化工业"竟由此而来取得它的合法论证的吗？

上述种种问题作为问题困扰着我们。它们聚集为一个唯一的问题，即：

人被吸纳入其科学技术世界中的状态到底是怎么回事？在这种被吸纳状态中，兴许是人的一种锁闭状态起着支配作用吗？—也就是人对于首先把人发送到他特有的规定性之中的东西的锁闭状态，而之所以要发送，是为了使人适应得体的东西（das Schickliche），而不是以科学技术的方式计算性地支配它自身以及它的世界，支配它自身以及它在技术上的自我制造。（这种希望如果竟能成为一个原则的话，难道不是人类主体性的无条件自私自利吗？）

可是，世界文明的人能够自发地打破这样一种对于命运的锁闭状态吗？当然不是通过以及借助于人类的科技规划和制作活动。那么，人竟可以自以为能够要求开启这样一种对于命运的锁闭状态吗？这或许是一种狂妄。锁闭状态是决不能通过人开启出来的。但若没有人的协助，它也不会自行开放出来。这种开放是何种开放呢？为之做准备，人能做些什么呢？首先的也许是，不回避上述问题。必须深思上述问题。必须首先对这种锁闭状态本身做一番思索，也就是对在其中起支配作用的东西做一番深思。也许这里的关键根本就不在于打破锁闭状态。必需的依然是如下洞见，即：这样一种思想并不是行动的单纯前奏，而就是决定性的行动本身，通过这种行动，人的世界关系根本上才得以自行转变。必需的是，我们要设想自己摆脱了一种长期以来不充分的理论与实践之间的区分。必需的依然是如下洞见，即：这样一种思想并不是一种专横的行为，而毋宁说只能以思想投身于某个领域的方式来冒险一试——从这个领域而来，如今已经成为全球性的世界文明才得以发端了。

必需的是返回步伐（der Schritt zurück）。返回何处呢？返回到开端之中，返回到在上面对雅典娜女神的提示中向我们显示出来的开端之中。不过，这种返回步伐的意思并不是：古老的希腊世界必须以某种方式得到更新修复，而思想应当在前苏格拉底的哲学家那里寻求庇护之所。

返回步伐意味着：思想在世界文明面前的退却（与之保持间距，而绝不是否定之）参与到那个东西中去，后者在西方思想的开端中必定还是未经思想的，但却已经在那里得到了命名，因而先于我们的思想而得到了道说。

更有甚者，我们现在所尝试的沉思总是已经把这个未经思想者映入眼帘了，而没有专门加以探讨。通过指出多样猜度着的、思索着边界的明眼雅典娜，我们已经注意到了从其限界中显现出来的山脉、岛屿、各种形态和构成物，注意到了φύσις［涌现、自然］与τέχνη［技艺］的共属一体性，注意到了事物在得到多样命名的光中的独特在场。

然而，现在让我们更加深思熟虑地来思考这一点：只有当在场者已经进入一个敞开和自由之境中而涌现出来，并且可能在其中展开自己时，光才能够澄亮在场者。这种敞开状态诚然被光澄亮了，但绝不是首先通过光才被带出来和构成的。因为就连黑暗也需要这种敞开状态，要不然，我们就不可能穿越和穿行黑暗了。

倘若空间和时间以及它们的共属一体性并没有被赋予那种贯通并且支配着它们的敞开状态，那么，就决没有一种空间能够为事物设置其位置和序列，决没有一种时间能够使生成和流逝获得时辰和年岁，也即延展和延续。

希腊人的语言把首先允诺一切敞开者的自由之境的释放命名为᾿Α-λήθεια［无蔽］，即非—遮蔽状态（Un-verborgenheit）。后者并没有消除遮蔽状态。这种情形殊为少见，以至于可以说，解蔽始终需要遮蔽。

赫拉克利特早就以一个箴言指示出这种关系：

Φύσις κρύπτεσθαι φιλεῖ（残篇第123）
"自发地涌现者特别喜欢遮蔽自己"。[10]

备受命名的希腊之光的神秘性基于无蔽状态，基于贯通并且支配着无蔽状态的解—蔽（Ent-bergung）。无蔽状态归属于遮蔽状态，并且遮蔽自身，而且是这样，即，它通过这种自行隐匿而赋予事物以其从限界中显现出来的逗留。也许在对于命运的锁闭状态与尚未经思想、依然自行隐匿着的无蔽状态之间，运作着一种几乎未经猜度的联系吗？这种对于命运的锁闭状态竟是一种久已持存着的无蔽状态之隐瞒吗？也许对尚未经思想的᾿Α-λήθεια［无蔽］之神秘的暗示，同时也是对艺术之起源领域的暗示吗？从这个领域中出现了对作品之产出的诉求吗？难道

10　此残篇通译为：自然喜欢躲藏起来。——译注

作品之为作品不一定要显示出人不能支配的东西，自行遮蔽的东西，以便作品不仅仅道出人们已经知道、认识和从事的东西吗？难道艺术作品不一定要缄默于自行遮蔽的东西，作为自行遮蔽者而唤起人的恐惧的东西，即对既不能规划也不能控制、既不能计算也不能制作的东西的恐惧？

莫非这个地球上的人还注定要在上面停留之际寻找一个世界逗留之所，也即一种居住，一种为自行遮蔽着的无蔽状态的音调所规定的居住？

对这一点我们并不知晓。但我们知道，在希腊之光中自行遮蔽着的并且首先允诺着光的 'A-λήθεια［无蔽］，比起任何为人所虚构并且为人手所取得的作品和构成物来，是更古老、更原初，因此也是更具持存性的。

而我们也知道，对一个由宇航学和核物理学在其中设定通用尺度的世界来说，自行遮蔽着的无蔽状态还是毫不显眼的和微不足道的。

'A-λήθεια［无蔽］——自行遮蔽中的无蔽状态——一个单纯的词语，就它向西方－欧洲历史以及从中发源的世界文明先行道说出来这一点来说是未经思想的。

只是一个单纯的词语吗？是对在科学技术的巨大工场中的行为和行动昏聩无能吗？抑或，具有这样一种特性和起源的词语却是另一种情形？最后，让我们来倾听一个希腊诗句，是诗人品达在其《涅墨西斯[11] 颂歌第四首》开头（第6行以下）道说的诗句：

ῥῆμα δ' ἐργμάτων χρονιώτερον βιοτεύει,

ὅ τι κε σὺν χαρίτων τύχα

γλῶσσα φρενὸς ἐξέλοι βαθείας.

"而词语作为行动更深远地入于时间，规定着生命，

如果唯凭着美惠三女神[12] 的恩赐

语言把它从沉思心脏的深处取出"。

11　涅墨西斯（Nemesis）：希腊神话中的复仇女神、报应女神。——译注

12　主神宙斯的三女儿：阿格莱亚、欧佛洛绪涅、塔莉亚。——译注

艺术与空间（1969年）[1]

倕我们深入反省，即可发现在语言中蕴含着丰富的智慧。也许并非人自己承荷一切，而是在语言以及在俗语中，实际就有丰富的智慧。

——利希藤贝格[2]

空间看来乃是某种很强大又很难把捉的东西。

——亚里士多德

（《物理学》第四章）

我们对于艺术、空间以及两者之交互游戏的评论，总还是追问而已，即便评论以断言形式发言。这里的评论自限于造型艺术，并且更限于其中的雕塑艺术。

雕塑形象是物体。其由各色材料组成的部件，被塑造为多样形态。 此种形

1　海德格尔的《艺术与空间》（*Kunst und Raum*）写于1969年。其时，作者已至耄耋之年。本文单行本以德、法两种文字出版，由瑞士埃尔艾出版社出版，圣加伦，1969年。中译文根据海德格尔：《从思想的经验而来》，《全集》第13卷，维多里奥·克劳斯特曼出版社，美茵法兰克福，1983年。

在1969年单行本文后（第14页），海德格尔作了以下提示：

关于艺术，可参看拙文"艺术作品的本源"，载《林中路》，1950年；此文增补单行本收入雷克拉姆万有丛书，第8446—8447页，1960年。又可参看拙文"人诗意地栖居"，载《演讲与论文集》，1954年。

关于空间，可参看拙著《存在与时间》，1927年，第22—24节，此在的空间性。又可参看拙文"筑·居·思"，载《演讲与论文集》，1954年。此外可参看拙文"关于思想的田间路上的对话"，载《泰然任之》，1959年。——译注

2　利希腾贝格（G. Chr. Lichtenberg，1742—1799）：德国启蒙学者、哲学家、物理学家。——译注

象塑造（Gestalten）实现于界面构成，即内外界面的确定。在此即有空间进入游戏。空间为雕塑形象所占有，遂造就为自成一体、透孔和空洞的形体。凡此种种，众所周知又玄秘难解。

雕塑体有所体现。它体现空间吗？雕塑攫取和掌握空间吗？雕塑因此与科学技术对空间的征服相合吗？

作为艺术，雕塑诚然是对艺术空间的一种探索。艺术与科学技术出于不同的意图，以不同的方式来考察和处理空间。

然而空间——它还是同一个空间么，它不就是那个自伽利略和牛顿以降才获得最初规定性的空间吗？空间——是那种均匀的、在任何位置和任何方向上都是等价的，又是感官所不能觉知的间隔（Auseinander）吗？

空间——是眼下以日益增长的幅度愈来愈顽固地促逼现代人去获得其最终可支配性的那个空间吗？
就现代造型艺术自视为一种对空间的探究而言，它不也随着上面这种促逼[3]亦步亦趋吗？现代造型艺术不是借此以其合乎时代的特性证明了自己吗？
然则物理技术所筹谋的空间，不论它如何广泛地起决定性作用，能够被视为唯一真实的空间吗？与之相比较，一切具有别种构造的空间，诸如艺术空间、日常行动和交往的空间，只不过是某个客观宇宙空间的由主观决定的形式和变种吗？
但如果客观世界空间（Weltraum）之客观性必然与意识之主观性相关，而此种相关对那些先于现代欧洲的时代来说又是格格不入的，那么情形又如何呢？

3　此处"促逼"原文为 Her-ausforderung。日常含义为"挑战、挑衅、引起"等。——译注

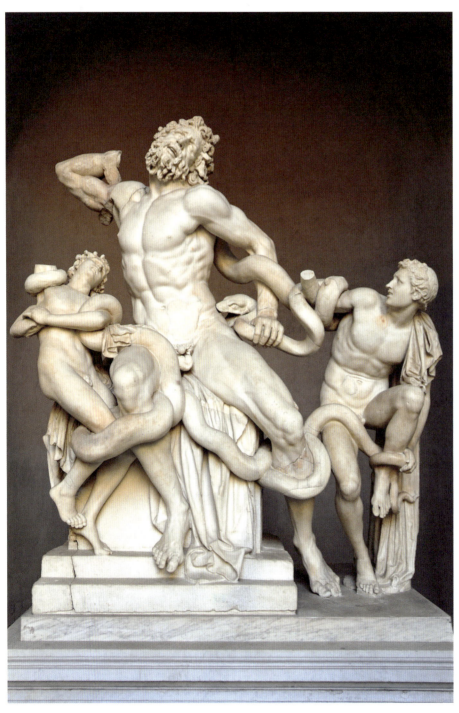

阿格桑德罗斯等　拉奥孔与儿子们　大理石群雕　高约242厘米　约公元前1世纪
罗马梵蒂冈博物馆藏

　　尽管我们承认过去的不同时代的空间经验各不相同，但我们借此就获得一种对空间特性的洞见了吗？凭这种承认，空间之为空间是什么这个问题甚至还没有获得追问呢，更遑论得到解答了。悬而未决的问题是，空间以何种方式存在（ist），以及空间究竟是否能够具有一种存在（Sein）。

　　空间——它是一个原始现象（Urphanomenen）吗？照歌德的话来说，人们一旦觉察到这些原始现象，便会感到某种恐惧。空间是这样一种原始现象吗？因为在空间背后，看来更没有什么东西可以用以解释空间了。在空间面前，我们亦没有任何回避的出路。空间所固有的特性必定从其本身而来显示自身。还让人说得空间的特性吗？

　　鉴于此种追问的困境，我们便必得如实坦白：

　　只消我们没有经验到空间的固有特性，则关于某个艺术空间的谈论就也还是晦暗不明的。空间在艺术作品中的运作方式，首先还是悬而未决的。

　　雕塑形象得以在其中如某个现成对象那样出现的那个空间，雕塑形体所包含的那个空间，在形体之间作为空虚（Leere）存在的空间——这样三个在其交互游戏之统一中的空间，难道始终只不过是某个物理技术空间的衍生物吗？即使计算性测量不能干预艺术形象之塑造，事情也还是如此吗？

　　一旦我们承认，艺术是真理之置入作品中，[4] 而真理意味着存在之无蔽（die Unverborgenheit des Seins），那么，在造型艺术作品中，难道不是必然也有真实的空间，即揭示其最本己因素的东西，成为决定性的吗？

4　原文为 das Ins-Werk-Bringen der Wahrheit。可参看海德格尔："艺术作品的本源"，载《林中路》，美茵法兰克福，1994年，第44页；参看中译本，孙周兴译，上海译文出版社，2004年，第44页。
　　——译注

但我们如何能够找到空间的固有特性？困惑中只有一座小桥，一座无疑是狭窄的而又是摇摆不定的小桥。我们尝试倾听语言。在空间一词中，语言说到什么？其中说到空间化（Räumen）。空间化意谓：开垦、拓荒。

空间化为人的安家和栖居带来自由（das Freie）和敞开（das Offene）之境。

就其本己来看，空间化乃是开放诸位置（Orten），在那里，栖居着的人的命运回归到家园之美妙中，或回归到无家可归的不妙之境中，甚至回归到对有家和无家的妙与不妙的冷漠状态中。空间化乃是开放诸位置，在那里上帝显现出来，诸神（Götter）从那里逃之夭夭，神性（Göttlichen）之显现在那里踟蹰久矣。

空间化产生出那一向为栖居所备的地方（Ortschaft）。世俗空间始终是那些往往远远落后的神圣空间的私有化（Privation）。

空间化乃诸位置之开放（Freigabe von Orten）。

在空间化中有一种发生（Geschehen）同时表露自身又遮蔽自身。空间化的这一特性太易于被忽视了。而且，即便此种特性已被看出，它始终也还是难以确定的，首先是因为，物理技术的空间被视为任何对空间因素的标画都要先行遵循的空间。

空间化如何发生？它不就是设置空间（Einräumen）吗？并且这种设置空间不是又有容纳（Zulassen）和安置（Einrichten）双重方式吗？

一方面，这种设置空间有所允许,它让敞开之境运作起来，而敞开之境还容纳在场之物的显现——人的栖居就委诸在场之物了。

另一方面，设置空间向物提供可能性，使物得以依其各自的何所向（Wohin）并从这种何所向而来相互归属。

在双重的设置空间中发生着诸位置之允诺（die Gewährnis von Orten）。此种发生的特性便是这样一种允诺。但如果位置的固有特性要依有所开放的设置空间为引线来加以规定的话，那么位置是什么呢？

位置（Ort）总是开启某个地带（Gegend），因为位置把物聚集到它们的共属一体之中。

在位置中起作用的乃聚集（Versammeln），即那种使物入于其地带的开放着的庇护（Bergen）。

那么地带（Gegend）呢？这个词的更古老形式是"Gegnet"。它表示自由的辽阔（die freie Weite）。由这种自由的辽阔，敞开之境得以保持，让一切物涌现而入于其在本身中的居留。而这也就是说：持留、使物入于其相互归属的聚集。

这里突出的问题是，诸位置首先并且仅仅是设置空间（Einräumen）的结果和后果吗？或者，这种设置空间是从聚集着的诸位置之运作中获得其固有特征吗？倘果真如此，则我们就必得在地方（Ortschaft）之建立过程中寻求空间化的固有特性，必得把地方思为诸位置的共同游戏。

我们必得留意，这种游戏（Spiel）是以及如何是从地带之自由的辽阔而来得以逐入物之共属一体的。

我们必得学会识别，物本身就是诸位置，而且并不仅仅归属于某一个位置。

在此情况下，我们就必需长期地忍受某种令人诧异的情形：

位置并不以物理技术空间的方式处于先行给定的空间中。物理技术的空间唯从某个地带的诸位置之运作而来才展开自身。

艺术与空间的交互游戏必得从关于位置和地带的经验来加以思考。

作为雕塑的艺术，并非任何对空间的占有。

雕塑并非任何对空间的探究。

雕塑乃对诸位置的体现；诸位置开启一个地带并且持留之，把一种自由之境（ein Freies）聚集在自身周围；此种自由之境允诺各个物以一种栖留，允诺在物中间的人以一种栖居。

如若情形竟是这样，那么，从总是体现着某个位置的雕塑形象之形体中将形成什么呢？也许它将不再界定彼此相对的诸空间——在其中，诸界面缠绕着一个与外部相对的内部。以形体（Volumen）一词所表示的东西必定要失去其名称，而此种名称的含义仅仅像现代自然科学技术一般古老。

雕塑表现所具有的那些寻求着诸位置并且形成着诸位置的特性，首先就还是无名的。

那么，从空间之空虚（Leere）中又形成什么呢？空虚往往只显现为某种缺乏。于是，人们便认为，空虚就是缺乏对空穴和间隙的充满。

然而也许空虚恰恰就与位置之固有特性休戚相关，因之并非缺乏，而是一种产生（Hervorbringen）。

这里，语言又能给我们一个暗示。动词"倒空"（leeren）的意思就是"采集"（lesen），即原始意义上的在位置中运作的聚集。

倒空杯子意谓：把杯子这个容器聚集入它的空出状态中。

把采来的果子腾入篮子里意谓：为果子提供这个位置。

空虚并非一无所有。它也不是缺乏。在雕塑表现中有空虚在游戏，其游戏方式乃是寻索着——筹谋着创建诸位置（suchend-entwerfendes Stiften von Orten）。

诚然，前面的评论没有多少深入，没有深入以足够的清晰把作为一种造型艺术的雕塑的固有特性显示出来的地步。雕塑即有所体现地把诸位置带入作品中，凭诸位置，雕塑便是一种对人的可能栖居之地带的开启，对围绕着人、关涉着人的物的可能栖留之地带的开启。

雕塑，在其创建着诸位置的作品中体现存在之真理。

凭一种对雕塑艺术之固有特性的小心考察即可猜度，作为存在之无蔽的真理并非必然依赖于体现（Verkörperung）。

　　歌德说："并非总是非得把真实体现出来；如果真实富于灵气地四处弥漫，并且产生出符合一致的效果，如果真实宛若钟声庄严而亲切地播扬在空气中，这就够了"。[5]

5　参看歌德：《格言与感想》，第42条。——译注

附录1：
论毕加索——对多维性的解说尝试 [1]

［德］瓦尔特·比梅尔　著

　　上面我们在文学领域里，做了一种对艺术作品的哲学解说的尝试，[2] 下面我们拟做一个绘画领域里的尝试。在我们这个世纪里，发生了最激烈的变化的艺术类型，恰恰就是造型艺术。它已经远离19世纪的艺术，以至于那些把传统艺术当作观察方针的鉴赏者，往往对当代艺术大感错愕。现在，附庸风雅者已经明显地增加了，人们把非同寻常之物、闻所未闻之物、此外常常就是最近出现的货色，冒充为最终发现的"真正的艺术"；但是，这种附庸风雅的现象也不能掩盖人们对当代艺术的诧异之感。倘若不是在艺术家与鉴赏者之间事实上已经出现了一道鸿沟，则这种毫无标准的附庸风雅，就决不可能如此迅速地蔓延开来。

　　为什么会出现这样一种情况，甚或必定出现这种情况呢？是否在每一种变化中，首先都会引发这样一种错愕呢？对于这些问题，我们这里不拟探讨，因为这需要做一种追溯甚远的分析工作。而我们要做的是，从限定的现象出发，考问这些现象，并且尽可能地针对这些现象的意义做出解说。艺术领域里的一个哲学的开端恰恰必须首先深入地分析个别的现象，而不是从宏大的纲领出发，因为这个开端是要让艺术讲话，而不是一些关于艺术的理论。它是要为艺术效力而不是使用艺术；当然，它是否能够成功地做到这一点，那还是不明朗的。

1　译自瓦尔特·比梅尔（Walter Biemel）：《对当代艺术的哲学分析》（*Philosophische Analysen zur Kunst*），马蒂鲁斯·尼基霍夫，1968年；中译本，孙周兴、李媛译，商务印书馆，1999年，第271页。——译注

2　比梅尔《当代艺术的哲学分析》一书第一部分"论卡夫卡"，第二部分"论马塞尔·普鲁斯特"，第三部分"论毕加索"（即本文）。——译注

毕加索　1881—1973年

可是，任何一种探索和研究，任何一种理解的尝试，都不是盲目地进行的，而是受一种先行领悟指导的，是由一种先行筹划（Vorentwurf）引导的，亦即是由一种对那个终究能找到的、人们在追问有待探究之物时必须设定的方向的先行筹划来引导的。因此之故，在做这最后一个尝试时，我们还是要再次回忆一下在导论中已经得到原则性阐释的思想。

我们在艺术中看到的，不是人的一种任意的表现，也不是人的一种必然的表现，亦即不是人为了保存生命而必须实行的各种活动，而是某种非同寻常的东西。这一点已然可见于以下事实：我们需要艺术，而并没有使用和消耗艺术。我们说"非同寻常"，意思是说：脱离了通常事务的领域。一种没有艺术的生活是完全可以设想的，但它同时或许就是人类存在的一种堕落了。

在艺术中，我们看到人类揭示、"表达"其世界关联的基本可能性；而当我们说"世界关联"（Weltbezug）时，我们指的是：人对其同类的理解、人对非人的存在者和超越人的神性之物（只要这种神性之物对人来说是举足轻重的）的理解，以及人对他自身的理解——这种种理解，乃是上述关联保持于其中的轨道。人们或许会认为，这种表达是多余的，但值得注意的是，我们在最古老的人性形式中，就已经发现了这种表达。我们在此不拟探究艺术何时脱离了巫术领域，进而又脱离了宗教领域——但是，即使艺术依然埋在一个宗教世界里面，当时的人类也还是以这些形态来表达自己的。

形象化创造的努力——或许我们必须说，具有形象性质的创造的努力，因为就连诸如制陶业的装饰旨趣，也必定包括在这种创造中——以及言语性的表达，以及音乐的表现，都属于一般人类存在。按照我们的观点，艺术是与人类的语言本性同样原始的。[3] 艺术是一种言说（Sprechen）方式。困难在于我们既要理解言说内容又要理解言说方式。恰如我们在上面的卡夫卡分析中所表明的，这样一种理解必须深入道说内容背后加以追问。这乃是一种哲学的解说工作的任务。

这里，人们可能立即会提出异议：这样一种解说是危险的，因为其中所做

3　布鲁诺·李卜鲁克斯：《语言与意识》，学院出版社，美茵法兰克福，1964年，第1卷。——原注

的，无非是把哲学的观念强加给艺术而已；而这样一来，艺术就被滥用了，就被贬低为哲学的奴仆了。另外一些异议来自相反的方面，认为倘若哲学出现在艺术这个不可靠的地带上，哲学就会名誉扫地。

对于上述诸种反对意见，黑格尔早就发表过他的看法，并且给予驳斥。有一种反对意见认为，艺术与生活的真正目的毫无干系，并且使生活脱离了实质性的旨趣；另一种反对意见则认为，艺术活动于假象之媒介中，无非能够通过骗人的幻觉对我们产生影响。这两种意见都受到了黑格尔的断然驳斥。对于上面这两种论点，黑格尔反驳说，艺术"只不过是神性之物、人类最深刻的旨趣、精神的最广博的真理获得意识和表达的一个种类和方式"[4]。众所周知，黑格尔把艺术与哲学、宗教排列在一起，但同时，由于艺术必须在感性领域里表达自己，所以黑格尔又把艺术置于哲学之下。谢林把艺术解说为哲学的工具，这种解说在我们看来倒是更富于成果的。[5]

我们在此并不想进行一种历史的辨析工作，而是要探讨这样一个问题：通过一种哲学的解说，艺术是否疏离于自身，被置入一个它不再能存活的环境中了，就像神奇地闪光的深海鱼，一旦被拖到海面上就变得毫无光彩了。

我们最好不要过于轻松地对待这种反对意见，因为对于任何一种关于艺术的哲学解说而言，其中毫无疑问包含着一种危险，即仅仅把艺术看作为了证明哲学观念的理由。

让我们把实情做如下概括：我们的观点是，在艺术中，人类的世界关联得到了某种表达，更有甚者，艺术不仅揭示了这种世界关联，而且甚至完成了这种世界关联（是否仅仅由艺术完成，在这里可能还是悬而未决的）。我们又可引用黑格尔的话："艺术从中得以源起的那个普遍的和绝对的需要，其根源就在于，人乃是思维着的意识，亦即说，人之为人以及终究是人，是从自身自为地作成

---

4 《黑格尔全集》，H. 克罗克纳、Fr. 弗莱曼斯编，斯图加特，1927—1930年，第10卷，第1册，第11页。——原注

5 参看迪特尔·雅尼西：《谢林——哲学中的艺术》，纳斯克出版社，弗林根，1966年。——原注

的"。（上引书，第41页）

艺术的特性在于，艺术乃是一种具有种种可能的理解层面的语言。在每一种揭示性的交道中，都有某种东西变成可通达的；至于这种理解的程度，那是十分不同的。艺术乃是一种需要解说的语言，这也适合于"古典"艺术，而决非仅仅适合于现代艺术。只不过，在现代艺术中，这种解说的必要性变得更加明显些，因为某种明显的误解，亦即对对象的援引，在现代艺术中常常被取消掉了。艺术乃是一种难以辨认的象形文字。它需要翻译，仿佛必须被传送。至于这种传送（Transposition）是否成功，它是否仅仅片段地发生或者完全被耽搁了，这乃是任何一种哲学解说都免不了的风险。有了这样一种哲学解说，艺术作品是否更好地得到理解，人们是否赢得了理解艺术作品的通道，这可以视为解说工作成功与否的标准。对于本文的工作的方法方面和前提预设，我们且讲这么多罢。

我们这里要分析的现象，乃是毕加索的十分丰富多样的创作中一个非常有限的片断。我们在探讨过程中将表明：它是不是一个次生现象，或者是与盖伦所说的我们这个世纪最后一个重大艺术思潮立体派（Kubismus）紧密联系在一起的。这个现象就是多维性现象，而且，它的显现形式是我们在20世纪30年代末和40年代初（有时还要更晚一些）在毕加索的女人肖像画那里发现的。

在毕加索的这些肖像画中，我们惊讶地看到，他所描绘的人像非同寻常，不是从某个确定的视角被观察和描绘的，而是同时给出了多个透视维度。观赏者既置身于这个人像面前，又置身于这个人像之旁，又置身于这个人像上方。这就令鉴赏者眼花缭乱，他失去了他的固定的立场。这样一幅画所唤起的印象，说白了就是不知所措的印象。如果说这种不知所措是十分巨大的，我们就想以开怀一笑来放松自己，由此来避免这种不知所措的窘境。我们干脆就把这幅画视为艺术家的一种插科打诨的闹剧，一个糟糕的玩笑，一个恶作剧，这位艺术家以此来取笑他的模特儿和他的观众们。对此的自然反应就是从这种画那里掉转目光。但是，我们却还想盯住这种画。

毕加索的这种画不是什么"抽象"画，但它也不是通常词面意义上讲的表现画。它介于两种描绘方式之间。但只要我们还不知道这种"之间"的特殊本质，也即说，只要我们仅仅否定地来规定这个"之间"（指出它不是什么），那么，我们这个说法就是毫无意义的。

不过，毕加索本人似乎不允许这样一种大胆的做法。在1923年的一个自白中，他断然地说：

> 尽人皆知艺术不是真理。艺术是谎言，它教我们理解真理，至少是那种我们作为人能够理解的真理。[6]

不过，毕加索的这句名言决不是说艺术与真理毫不相干，相反地，它倒是指示出艺术与真理之间的一种紧密联系。艺术让我们理解真理。于是，艺术其实是为真理效力的。但如何能把某种为真理效力的东西称为一种谎言呢？

在这里，真理说的是什么呢？毕加索理解的真理，无疑就是存在者，一如我们通常总是已经与之照面的那种存在者。艺术并不是像我们周围世界的其他事物那样的存在者。从我们周围世界的其他事物的角度来评判，艺术并不存在，因为它不可能有任何用途，它是毫无用场的，它不是"对象性的东西"，它就像某种假象——甚至是假象的诱因，这一点早就已经为柏拉图所指明了。艺术是一种"谎言"，但它恰恰教我们理解我们的世界。如果我们把我们熟悉的事物当作现实事物的尺度，那么，艺术就是一种谎言。而如果我们注意到艺术中发生的事情真相，亦即某个时代的世界关联的表现，那么，艺术恰恰不是什么谎言。因此，毕加索继续说："艺术家必须知道，他能以何种方式使他人确信他的谎言的真实性"。

毕加索的这些以多维性为规定性的女人肖像画遭到令人奇怪的丑化，这种情形让我们回想起奥尔特加·伊·加塞特[7]的一个论点，这个论点已经在他的一篇

6　这个自白发表在1923年5月26日美国《艺术》杂志上。 那是毕加索在接受马修斯·德·蔡亚斯的采访时用西班牙语讲的话。我们的引用据《毕加索——讲话和自白》，阿赫出版社，苏黎世，1954年，第9页。这个自白的摘要可见W. 鲍克：《毕加索》， 科尔哈默出版社，斯图加特，1955年，第503页。——原注

7　奥尔特加·伊·加塞特（Ortega y Gasset，1883—1955），西班牙哲学家，文艺批评家。——译注

文章的标题中道出：《艺术的非人性化》（la deshnmanisacion del arte）。[8]

不过，加塞特所谓的"非人性化"（Entmenschlichung）乃是模棱两可的。对他来说，人性的乃是对现实的描绘，一如人们以往所做的那样（他在此特别是指十九世纪的艺术），也就是人们以通常方式去观看对象（就像我们日常所遭遇的那些对象），并且人们通过这种观看去进行复述。

加塞特说："……我们所讲的艺术之所以（是）非人性化的，不仅是因为它并不包含任何人性的事物，而且是因为它有摆脱人性之物的作用倾向。由于艺术逃避人性，艺术感兴趣的就不是终点，即它要达到的特殊的动物世界（Fauna），而是起点， 即它要扬弃的人性方面"。（同上书，第240页）但另一方面，加塞特又说："……如果我们决意要把概念搞成事物，那么，我们就已经排空了概念的人性内容和现实内容。因为就概念之本质来看，它们是非物性的。……我们以此方式并没有超出对世界的意识，相反地，我们给予图式、内在之物和主观之物本身以清晰的形态和客观性；我们把它'世界化'"。（同上书，第252页）

可是，从上面这段引文中，我们恰可明见一个非人性化过程的反面，亦即一种彻底的主观化，因为在其中，事物的主观给定方式被事物本身所取代了。如果这个过程可以称为一种对人性内容的排空，那只是在以下意义上讲的：居支配地位的透视角度恰恰不是通常的角度。概念是某种"人性的东西"，这是大可不争的。在这里，我们不拟进一步深究加塞特对与现实相对的概念的理解。从根本上讲，他的理解关涉到一种观察事物或者撇开事物的新方式，而并非简单地涉及一种对"概念性的东西"的描绘，这种"概念性的东西"本身或许不能与现实之物相适合。[9]他对现实的解说是与传统的解说相对立的。因此，加塞特进一步断

8　在德文译本中，这个标题被译成《人之被逐出艺术》。奥尔特加·伊·加塞特：《文集》，德意志出版社，1950年，第2卷，第229—264页。——原注

9　当盖伦使用"概念画"（peinture conceptuelle）这个术语时（它最初是由法国诗人阿波里奈尔所使用的），他指的是某种不同的东西："……概念画应当意味着一种经过深入思索的绘画观，它首先在观念上论证了绘画的意义，绘画的存在根据，其次从这种确定的概念出发界定了绘画所特有的要素"。A. 盖伦：《时代绘画》，阿特瑙姆出版社，波恩，1960年，第75页。这是我们完全赞成的一种解说。——原注

言："我所谓的'非人性化'以及对生动形式的厌恶，其中相当一部分是由于我对那种关于现实的传统解释的反感"。（同上书，第257页）但是，为了以某种方式把新的描绘方式——它恰恰已经被刻划为极其人性的（主观的）——与先前的（现实主义的）描绘方式区分开来，并且抓住那种对人性的摆脱的环节，加塞特把新的描绘方式理解为滑稽剧（Posse）。它并不是那种糟糕意义上的滑稽剧，并不是"对观众的愚弄"（现代艺术的反对者喜欢把它说成这种东西），而是自我讽刺意义上的滑稽剧。

加塞特说："……现代艺术家只是邀请我们去观看一种艺术，这种艺术是一出滑稽剧，按其本质来看是自我嘲弄。因为这种自我嘲弄乃是现代灵感的滑稽生长的土壤：不是去取笑某人或某物——没有牺牲就没有滑稽剧——，新艺术嘲笑自身……艺术从未比在它的自我嘲弄中更美地显示出它的魔力"。（同上书，第259页）

在加塞特的解说中，尽管有了某些成功的开端（例如他指出了那种对纯粹形式的追求），尽管做了种种努力，在那个时代里（即1925年，当时这一点还不像今天那样明白可解）力图正确评价现代艺术，但从根本上讲，他依然停留在一种对上面刚刚指明的印象的巧妙解说上，这个印象就是：初眼看来，现代艺术表现为滑稽剧。而他原想赋予给这种艺术的新东西，亦即自我讽刺，我们在浪漫主义和反讽中就已经看到过了。

我们不能满足于加塞特的解说尝试，所以，我们就要试着来分析一幅画，以便搞清楚所谓描绘的扭曲是什么意思。让我们来寻找这种扭曲的原则。不妨假定，在一位"概念画"（peinture conceptuelle）的画家那里，这样一种扭曲不是任意之举；即使他并没有明确地意识到这种扭曲的意义。只要我们还没有把握在扭曲中发生的事情，我们就停留于绘画之外。但解说应当把我们置入绘画之中，而不能让我们从外部大谈这幅画。

如果我们来看看毕加索早期创作的一幅画，[10] 我们就可以轻易地确定，所谓

10　Quadrige复制件，载《月刊》（*Revue mensuelle*）第7期，1946年5月，巴黎，第5页。——原注

扭曲具有几何的性质。他所描绘的女人被分解为各种几何图形。其中出现最频繁的图形是三角形。脸部由一堆三角形组成，颈部由一个三角形构成，这个三角形又分解为二个三角形。胳臂被拼凑成三角形状。胸部成了直角三角形。作为那些尖锐的三角形状的平衡，画上还有一些曲线，诸如胳臂、背部、肩部的轮廓，弧形的帽子形状。画上还有一些垂直的和水平的线条，以强调各种不同成分的冲突。值得注意的是，这一几何化原则没有对椅子产生同样的作用。我们还要看看，我们是否能够指明个中原因。

但是，如果扭曲原则被理解为这种扭曲得以产生的原因，那么，把这种扭曲归结于几何形状，就还不是对这个原则的揭示。加塞特的解说在这里完全失灵了，决不能对我们有什么帮助。他简单地确定了这种几何化，指出：“立体派的所有迷乱和欺骗行为却不能消除这样一个事实，即：我们有一阵子已经落入一种带有纯粹欧几里得词汇的语言之中了”。（同上书，第254页）在这里，也许有一位艺术哲学家能够帮助我们，他就是丹尼尔–亨利·卡恩韦勒。[11] 卡恩韦勒与立体派紧紧地联系在一起，同时全身心地效力于这一流派，支持这一流派，成为它的代表人物。在1914—1915年撰写的论文《通向立体派之路》（1958年译成德文）中，卡恩韦勒力图阐明，立体派是如何出现的，这一艺术流派的目的是什么。他在论文中主要讨论了毕加索和布拉克；[12] 在1946年的一篇后期著作中，他把胡安·格里斯[13] 当作完成了立体派的画家，他的第一本书中的一系列论点又被采纳下来，并且得到了更明确同时在哲学上更彻底的讨论。对于这样一个在与艺术家的不断的紧密接触中产生的文献，是我们怎么感谢也不为过的。不过，这并不能妨碍我们去追问这种解说借以进行的哲学态度，去讨论他那些在我们看来大

11　卡恩韦勒（Ka-hnweiler. D. H.），1884年生于德国曼海姆，后移居法国巴黎，是一位著名的艺术收藏家、理论家。他与立体派画家们有密切的交往。毕加索曾作《卡恩韦勒的肖像》（1910年）。——译注

12　乔治·布拉克（Georges Braque，1882—1963），法国立体派画家，立体派运动第二号人物。——译注

13　胡安·格里斯（Juan Gris，1887—1927），西班牙画家，后期立体派的代表人物。——译注

成问题的论点。

卡恩韦勒提及多维性的那个段落（在立体派的第一阶段），我们不妨详细地引用如下：

一方面，毕加索提供出一种新方法，去"描绘"事物的立体性及其在空间中的位置，而不是用引起错觉的手段去蒙蔽它们。这种新方法涉及到一种描绘方式，如若事关对于一个立体的描绘，它就与几何描画有某种相似性。这是显而易见的；实际上这两者都以描绘为目标，在二维平面上，或在三维立体上。再说，画家并不限于简单地把对象显示出来，显示出对象的某个给定角度上的样子，不如说，画家——如果有必要做直观说明的话——要从多个方面，从上面，从下面，把对象描绘出来。对事物在空间中的位置的描绘是这样做的：画家不是以某个假定的前景为出发点，并且由此出发用透视手段伪装出某种虚假的深度，而是要以某个得到确定和描绘的背景为出发点。于是，以此为出发点，画家便从头开始工作，以某种形式模式（在此形式模式中，每一个立体的位置都得到了清渐的描绘），通过这个立体与所确定的背景以及其他立体的关系。这样，这种布置就将得出一幅清晰的立体形象。（同上书，第50—51页）

为了理解其中的内在联系，我们就必须简短地探讨一下这位艺术家当时的疑难处境，正如卡恩韦勒为我们描写的那种疑难处境。关键之点乃是"在平面上描绘出三维以及色彩"这个古老的困难。（同上书，第26—27页）在这里，为了找到"对形式的直观说明"，色彩首先受到了冷落。光线仅仅被当作赋形手段来使用（1908年），至于光源在哪里，那是画不出来的。画差不多成了单色的。卡恩韦勒指出："由于现在色彩作为已经变得显明的光线，作为明暗的对照，是要被用来构成形式的，因此，色彩就不能够同时合乎逻辑地被当作局部色彩（Lokalfarbe）显示出来，甚至根本不能被用作'色彩'，而只能被当作客观化的光线来使用"。（同上书，第49页）或者，正如他在关于胡安·格里斯的书中所言：

尽可能描绘出对象的本色，这是人们一贯追求的目的，人们还希冀这样做时能尊重对象的"局部色彩"，因为这才是对象的持久的唯一真实的色彩，但通过明暗对照来塑造形象势必损害了局部色彩。再者，为了使画的基调和谐统一，人们就需要把对象之间的色彩扯平，但这种做法同样会使局部色彩"褪色"。[14]

前面第一个引文中谈到的新方法，就在于通过用几何形式对立体性的描绘。卡恩韦勒对这种新的画法做了如下描写：画是从背景出发被构造起来的，而为了能够放弃古典的透视手段，这个背景不应蓄意使人产生有任何巨大的深度的感觉。

一方面，画家们想克服他们的前辈们的那种引起错觉的描绘方式，其目的是为了公正地对待对象，而且是那种具有持久特性的对象（作为印象派艺术家的平衡力量）；另一方面，他们又不得不为了画的构造而使这个对象变形。结果，从1910年起，就产生了分析的立体派，一种把对象分成大量的多角形平面的画法。[15] 画家既要放弃自然相似性，而同时又要把对象描述出来，这乃是一个激动人心的现象。在《黑人艺术与立体派》这篇论文中（载《水星杂志》，第十三年度，第8期，1959年）中，卡恩韦勒极有说服力地说明了黑人面具的发现的影响。画家应当把某个东西描绘出来，不是通过相似性的途径，而是在象征、标志意义上的描绘。[16] 再者，立体派艺术家"追逐的是形象化的现实的创造"（同上，第724页）——在这里，他们找到了某种类似的东西。

对于这整个过程，盖伦已经做了十分贴切的描述，我们不必予以重复了。（参看《时代绘画》，第3卷："立体派之谜"）在盖伦那里，我们不仅看到了一种提纲挈领、心领神会的描述——他把可以从卡恩韦勒的文献中解读出来的意思

14　D.H. 卡恩韦勒：《胡安·格里斯》，伽利玛出版社，巴黎，1946年，第162页。——原注

15　对这种采用各种不同手段的描绘方式的恰当分析，可以参看温索罗普·贾金斯的文章"论一种对立体派的重新解释"，载《艺术简报》，1948年，第270—278页。——原注

16　"……创造出一个由象征组成的结构，这些象征起源于作品本身的本质，但又标志着外部世界"。（同上书，第726页）——原注

充分描述出来了；而且，他还超越卡恩韦勒，提出了下面这个问题：从何种哲学观点出发，这样一种对现实的态度和相应的描绘才是可能的？他向我们揭示，那是一种唯心主义的态度，更确切地讲，是卡恩韦勒在德国十分熟悉的新康德主义的态度。

立体派的特征乃是对它自己的使命的高度反思，因此，正如我们已经指出的，盖伦就要为"抽象画"这个术语辩护。对于那个构成立体派之基础的论点，盖伦表达如下：

> 世界乃是人类想象力的一个产物，而且因为这一点也适合于艺术作品，所以，画家所画的，就甚至可以在存在论意义上代表"现实的"、被看到和被意识到的事物；影响我们的观看方式的艺术家借此改变我们感知"现实"的方式；而且，进行描绘活动的艺术家的合法野心从而就延伸到"现实的"事物本身以及本质特性那里，可以说是他再度创造了事物，他反对那种对某个暂时的现实印象的简单描摹，也即反对印象派艺术家的感觉主义，不仅在美学上，而且也在哲学上。[17]

另外还有一段重要的描写：

> 卡恩韦勒设想出关于一种"内向的"（introvertiert）艺术的概念，这样一种艺术不再持朴素的、直接的现实主义立场（这种立场自文艺复兴时期以来一直是占上风的）。正如我们已经指出的，他本身也持有新康德主义的观点，据此观点，全部外部世界的经验都来自人类意识的构造，因而在此角度看是主观的，当然不是在个人任意性意义上，而是在某种合规律的普遍性（一切具体事物都符合于这种普遍性）意义上。转向主观性，这在绘画中早已经开始了，我们在其中可以看到"参照系"

---

17 盖伦：《时代绘画》，第85页。——原注

的最终变换；可见，说到底，这种转向在此包含着一个哲学基础，由之出发，就能对艺术的使命做原则性的、全面的重新规定。

简言之，这一使命现在就在于：把那种无意识地进行的构造性的和产生世界的意识工作提升到反思层面上，纯粹地、系统地重演这种意识工作，可以说，是把它纳入自由的实行之中。（同上书，第86页）

卡恩韦勒说，艺术家必须转向对视觉类型（Sehkategorien）的描绘，实即说，整个几何化无非是一种对使我们的观看成为可能的先天之物（das a priori）的复述，而并没有看到这个先天之物本身。他的这种说法，实际上只有从新康德主义出发才能得到理解。盖伦的观点是："以这样一种对艺术家来说可以领会并且容易理解的形式，新康德主义的观念财富已经深入了立体派的基础之中，而且最迟是在1909年"。（同上书，第87页）从那时起，人们只是在维护工作方面迈出了小小的一步："于是，按照同时作为构造性艺术和描绘性艺术的立体派的特殊作用，立体派在其描绘中使物体世界的形象尽可能地接近于作为它们的基础的'原始形式'。这些'原始形式'乃是人类对物体的观看和感受的基础。通过对这些原始形式的依赖，立体派就做出了对于所有形式的最清晰的解释和论证"。[18] 最后这个句子已经道出，立体派——由于它能够把握到先天的形式（视觉类型）——同时一般地也能比其他艺术向来可能做到的更好地描绘事物的形式。不过，我们现在在分析的立体派那里看见的东西，乃是一些疏异化了的、非自然化的对象。在这种对对象的非自然化过程中，立体派艺术家——或许可以干脆地说——是要透视那些条件，也即我们据以通达自然的那些条件。

如果我们回头来看看我们开始时引用的卡恩韦勒关于多维性的说法，我们就会看到，其中真正的意思无非是：要是看起来适合于直观说明，那么对象就将从不同的透视角度同时被给出。于是就出现了这样一个问题：如果像前面所讲的，决定性的并不是对象，而是画的构造，那么，到底是不是可以从不同角度给出对象呢？

18　D. H. 卡恩韦勒：《立体派》，第68—69页。——原注

在盖伦那里，我们看到另一种说法："因此就解释了立体派的那些著名的背谬的革新中的几个革新，例如，立体派的一个革新手法，即在同一幅画上同时给出同一个事物的几个面：人们预先假定的恰恰不是单纯的视觉观察，而是事物本身，事物本质上是在不同的方面展现自身的"。（同上书，第88页）

问题是：在这样一种做法中，是否实际上恰恰是视觉要素具有优先地位，因为对象其实仅仅展示为在不同视角上被观看到的对象。据我看来，唯当我们把事物设定为视觉事物（Seh-Ding），或者说，把事物设定为可为某个主体把握的事物时，这个胡塞尔式的侧显问题（Abschattungsproblem）才会出现。

在盖伦那里，我们还可看到另一个关于多维性的陈述："对于同一个对象，人们从上面、侧面、前面各个角度加以描绘（这是毕加索决不会重新放弃的动机之一），这种采用同一个对象的几个面的令人惊异的革新，当然与时空相对性（Raum-Zeit-Relativität）或者某个第四维毫无干系的，正如我们有时确信的那样。这种革新是那种决心的一个后果，就是要放弃与视点相关的表现画（Er-scheinungs-malerei）……以及要强逼对象'本身'、它的完整'概念'进入描绘之中的决心；这样一来，就可以毫无阻碍地用同一对象的几个面做出一种对这个对象的……'分析的描写'"。（同上书，第91页）我们完全可以赞成那种主张尝试一种"无视点的表现画"的论点，而且尤其赞成那种批评，即认为在此现象中采用了诸如第四维这样一个东西。我们也可以赞同盖伦的以下解说，即认为在此观点中，那种关于把事件融合为一个统一体（这个统一体应是在观察者的脑袋里构成的）的过程的心理学论点一道发挥了作用，也就是某种联想和同化理论。的确，卡恩韦勒本人宣称，把现实主义地得到描绘的客体采用到绘画之中，随之而来的就是"拼贴画"（collages）（这起初是与通常的立体派观点相矛盾的），这种做法乃是用于重新认识被描绘事物的辅助工具（这里也包括那些名目）。但有一个问题突现出来：卡恩韦勒关于通过对所描绘对象的打碎和变形更好地认识对象的论点，是否真正站得住脚，以及认为立体派艺术家比人们通常所能做的更真实地描绘了对象的论点，是否真正站得住脚。在我看来，这种异议是正当地从艺术史的角度提出来的，而且是由洛伦兹·迪特曼提出来的。迪特曼向我们表明，恰恰在分析的立体派那里，那种间离手法（Verfremdung）是那么巨大，以至于简直把对象摧毁了，而且不再谈得上"概念"上的重构。但这样一来，卡恩韦勒的解释就受到了动摇。此外，由于我们从卡恩韦勒那里得不到任何对分析的立体派中的多维性的令人满意的辩护，而且由于大多数对毕加索的描绘令人奇怪地没有探究这个问题，或者只是附带地触及这个问题，所以，我们这里要提出自己的解说。

我们想就毕加索的那些女人肖像画来探讨多维性。这样做的目的是什么呢？我们可以说，传统的从某个特定的视点出发的描绘方式，应当通过一种总体观点来加以克服。首先，毕加索把各个不同的面——正面、侧面、斜面和顶面——相互交织地放在一起。（我们下面将会看到，这里也存在着另一种可能性）。这样，举例讲来，我们首先看到一顶帽的正面，然后看到它的顶面，仿佛我们是站在一个人的上方，在那里，它就像一只大耳朵躺在脑袋旁边。有一只眼睛盯着我们，而另一只眼睛露出来的模样，宛如我们斜着向一个人的脑袋俯下身去时看到它的那个样子。其中出现根据不同视角的画面，这一点可以在毕加索的一幅画上清楚地看出，在这幅画中，有两个手指指示我们去注意相反的方向的画面。

但是，多维性与我们前面首先指出的几何化有什么关系呢？到眼下为止，我们只是对其做了特性刻画，而并没有表明，两者处于何种关系中，更没有表明两者意味着什么。

首先需要搞清楚几何化的意思。如果我们想用几何形象来描绘一个人，如果我们试图不用富于表现力的线条，而是用并不显眼的三角形来表达面部形态，那又会发生什么呢？

那样一来，我们就会使那种几乎不可表现的东西简单化，把它简化为一个容易把捉的东西。几何形清楚明了，甚至可以用数字来表达，因而是可以揣度的。只是需要回想一下，在对自然的科学的和数学的把握中，几何（学）具有何种意义。唯通过几何化，现代自然科学才成为可能。胡塞尔在其最后一本著作《欧洲科学的危机与先验现象学》[19] 中，已经提出了从生活世界到科学世界的转变问题，并且在这方面，尤其强调了伽利略的成就。（注意其中反复改写和扩充过的

19　《胡塞尔文集》，第6卷，马丁努斯·尼基霍夫出版社，海牙，1954年。——原注

第九节的重要性）。

通过把所见事物输送到几何形象之中，这个事物就变得容易把捉了，其实就是变得透明了。几何线条不隐含任何奥秘，没有任何出乎意料的东西，它并不具有一种生动的线条的特性——这种活生生的线条仿佛随时都能选取另一个方向，它可以明确地使我们反推到绘线者那里，它通过其不可揣度性、其特殊的特性使我们处于紧张状态。为了比较起见，我们只需指出画家克利[20]画中的线条。几何线条是由形象预先规定了的，它分有这个形象，而且后者作为形象是明晰地构造好的。结构的本质其实恰恰就在于明晰性和容易把捉的特性。

为了理解这里发生的事情，我们必须追本溯源，回到笛卡尔所谓知觉的清楚明白（clara et distincta perceptio），也即这样一种把握方式，通过它，被表象的事物变成完全透明了，以至于没有留下任何未经廓清的残余，而且是突然变得透明了。其实，这里面包含着所谓直觉（intuitio）的意义。[21]

笛卡尔的《方法谈》（Discours）中的第二个规则，或许可以借用一下，可以视为毕加索的描绘方法的主导思想：

把我所考察的每一个难题，都尽可能地分成细小的部分，直到可以而且适于加以圆满解决的程度为止。

（De diviser chacune des difficultes que j'examinerais en autant de par-celles qu'il se pourrait et qu'il sera requis pour les mieux resoudre.）

回溯到更容易认识的形式那里——这是笛卡尔《方法谈》的指导思想，我们也满可以把这一指导思想从认识方法的领域转用到对所见事物的描绘方法的领

20　保罗·克利（Paul Klee，1879—1940），瑞士画家，是立体派绘画向纯形式构成演化的关键人物之一。——译注

21　这里可以参阅盖尔哈特·施密特的佳作《启蒙运动与形而上学》，尼迈耶出版社，图宾根，1965年。德语学界对于笛卡尔的新解说是从海德格尔得到了推动力，也可参阅K.H. 福尔克曼-施鲁克：《知识向其现代本质的转变》（科隆大学高级研究演讲，1953年）。——原注

域中。施密特说得恰到好处："直觉乃是对主体而言的对象的最完美的被给予状态，是与主体的最完美的认识能力和认识准备联系着的"。[22] 毕加索证明，最完美的被给予状态绝对不一定在于一种对现成事物的最完美的适应中，而倒是可能在于现成事物向一个由主体提供出来的模式的变换之中。

海德格尔已经透彻地表明，现代知识（相对于更早时代的知识）的转变，绝对不是简单地通过一种一贯的实验运用而能得到解释的，而毋宁说，那种把一切都归结为实验的做法，已经要求有某种先行筹划（恰恰就是那种自然科学的筹划，按照这种筹划，自然被把捉为质量粒子的运动联系），这种先行筹划乃是现代的自然研究者和思想家的巨大成就。[23]

我们甚至于可以说，笛卡尔对表象（repraesentatio）的规定，正如海德格尔所解释的那样，在毕加索的艺术领域里得到了实行。海德格尔说："表象在这里意思是：把现存之物当作某种对立之物带到自身面前来，使之关涉于自身，即关涉于表象者，并且把它强行纳入这种与作为决定性领域的自身的关联之中"。[24] 这似乎是不可信的，但艺术家除了对向他显示出来的事物（在此情形中就是女人）加以改变，把它改变成能够最好地抓住的样子，此外还能够做些什么呢？因此，整个表现领域都消除掉了。而且正如卡恩韦勒所认为的那样，这决不是因为如此这般被描绘出来的事物更好地符合女人这个"概念"，或者更好地符合某一个"视觉类型"。

在一幅古典的女人画像那里，我们不只是拥有一个形象（我们把它认作女人），不如说，我们在其面貌上可以认出某个人，某个带有敏感特性的人物，更有甚者，人物的经历方面的某种东西也在面貌上表现出来。这个领域被毕加索蓄

22　盖尔哈特·施密特：《启蒙运动与形而上学》，尼迈耶出版社，图宾根，1965年，第28页。——原注

23　这里我们仅指出海德格尔的两处论述：《物的追问》，尼迈耶出版社，图宾根，1962年，第59页，以及《林中路》中的"世界图像的时代"一文，克劳斯特曼出版社，美茵法兰克福，1950年，第69页。——原注

24　海德格尔：《林中路》，克劳斯特曼出版社，美茵法兰克福，1950年，第84页。——原注

意地排除掉了。这不是偶然的，因为在此领域里，人物获得了自立，而这同时也即说，它摆脱了观众的可能影响。他只是想把人物的那个恰恰并不隐失的东西描述出来。这就会导致几何化。一般地，我们可以说：表现的线条（Ausdruck-slinie）就是支配的线条（Verfugungs-linie）。而且这就意味着：事关宏旨的并不是处于自立状态中的有待描绘者，而是处于与描绘者的依赖关系中的有待描绘者。海德格尔在其对表象（re-praesentatio）的解释中想获取的，就是这种突出的对表象者的反向联系的特征，那种把事物纳入关联状态之中的强制力的特征。所以，就此而言，我们完全可以说，在毕加索的描绘方式上，显示出现代表象（re-praesentatio）的某种本质，而且比首先在笛卡尔本人那里出现时更清晰地显示出来了。

我们上面曾以几何化为出发点。几何化与多维性处于何种联系之中呢？从根本上讲，那是同一回事。通过几何化，有待描绘的事物就会被改变，变得容易把捉，同时也变得透明了。为了满足这样一个要求，必需的事情是：自行显示的事物——如果是一个三维立体，而我们始终仅仅看到它的一个面——，它的每一个面都没有在观众那里隐失。而这种隐失其实是必然的情形。胡塞尔在探究事物知觉时所获得的就是这一事实，他而且为此创造了"侧显"（Abschattung）这样一个术语。我一下子始终只能达到事物的某个确定的侧显，因为我是从某个确定的视角来看事物的。（这个思想后来为萨特尔和梅洛-庞蒂所接受和发展。）在完满的直觉（intuitio）中，所有的面都必须同时呈现出来——但在笛卡尔那里，这只能是上帝的直觉。毕加索意图用多维性、不同的相互补充的景象的同时呈现，来消除我们的视角的局限性。因此，我们也就能理解那种把空间性归结为平面性的趋势。立体的各个不同面似乎必须被折叠起来，必须仅仅保持在一个一目了然的平面上。

但是，为了抓住那种胜利，即那种对观看者的局限性以及与被观看者的依赖性的克服，在对被描绘事物的平面化过程中，就必定还保存着总体表象（representation totale）中的观点的多样性。为更清晰起见，我们就可以说：一个立体的各个不同面可以这样来描绘，即它的表面仿佛被剥落下来，而且被绷紧了。这还是不充分的；在把立体性还原为平面的过程中，实际上立体性的要素必定得到了勾画，这种勾画是这样做的：把从各个不同观点上被观看的事物在不同的位置上描述出来，可以说，使之围绕一个中轴旋转，或者向着一个中轴变化。

立体派艺术家自己也承认，他们是想通过在各个不同角度对对象的分解，来把捉在其持存状态中的对象。我们在这里可以引用胡安·格里斯的一段话，从中可以清楚地看出原委：

> 对于印象派画家作品中那些稍纵即逝的要素，人们总是希望找到某些较为稳定的要素来取而代之。人们绞尽脑汁搜索此类要素，它们是不应随着时间的流逝而变化的。对对象在瞬间被照亮的部分，人们用他们以为能够反映其本质的形象来代替。[25]

如果这种说法还可以应用到胡安·格里斯本人的综合的立体派上，那么，它却决不适合于分析的立体派。在分析的立体派那里，对象由于被肢解而径直活动起来，并且变得让人无法识别。由此而获得的令人难忘的美学效果是不能否定的，其实，这种变化和可变性的因素简直可以接近于普鲁斯特，但是，什么是上面所列述的追求的真正原因，无论从胡安·格里斯的说法还是从卡恩韦勒的阐释来看，都还是不清晰的。用十分显明的话来讲，那就是：通过几何化，被描绘的事物不仅得以持存，而且也受到了强暴。如果我想弄清楚一个脑袋，抓住它，使之依赖于我，那么，我就必须把它还原为清楚明了的形式，把多样的视点集中到那种总体注视（Gesamtanblick），这种总体注视一下子就抓住了通常只有在一系列的单独注视中才能达到的东西。

我们在本文的开头就已指出，最频繁地反复出现的几何图形是三角形——不过在那里，我们还未能对其做进一步论证。现在我们已可理解个中原因：那是因为三角形是最简单的平面图形。如果要把给定事物彻底简单化，那么，完美的简

25　胡安·格里斯：《艺术生活简报》（*Bulletin de la Vie Artistique*），巴黎，1925年，第六年度，第1期，第15页。又见于D. H. 卡恩韦勒：《胡安·格里斯》，第29页。——原注

单化就必须寻求最简单的图形，那就是三角形。于是，有一个问题突现出来：为什么这个自行显示的事物应该是可以简单地理解的？谁规定了这一点？是观看主体的支配意志。我们也可以说：是那个把自己当作意志来把握和实现的主体。为了理解这里所说的意思，我们必须领会从笛卡尔到尼采的现代形而上学的发展。海德格尔首次揭示了现代形而上学中的这一联系，为理解现代形而上学清理出了一条新道路。此后，我们的理解就在这条道路上活动，尽管我们没有专门供认这一点。

据此，对于我们的有关多维性之意义的问题来说，下面这一点也突然变得可以理解了：在被描绘的事物中，首先并不是被观看的东西（即对象性的东西）呈现出来（一如卡恩韦勒依然坚持的那样），而毋宁说，是观看者本身呈现出来。我们被抛回到观看者那里，从被观看者抛回到观看者那里，而且这个观看者是通过暴力、通过改变而显示出来的；观看者能够使被观看者经受这种暴力、这种改变，从而显示自身为支配性的意志。于是，我们就可理解毕加索的以下说法了："我在画中利用我喜欢的一切事物。至于其中这些事物情况如何，对我来说是无所谓的——它们不得不接受的正是这一点"。[26]

如果人们把主体理解为意志（在艺术家那里，这种自我理解并没有在某种理论认识上表达出来，而是通过对事物的塑造，在他对事物的交道过程中表达出来的），那么，存在者就全部成了对象性的东西。意志通过改造对象来试验它的力量。从最初的景象到现在被塑造过的景象的距离愈大，则意志作用的可能性也就愈加清晰。

现在，我们就可以清楚地看到，为什么在毕加索的后期创作中，女人成了这样一种改造的一个特权客体。女人乃是我们的爱慕和爱情的目标，是我们追求的人。情感性的联系是不能计算的，我们多少是受这种联系摆布的。这一点现在受到了反叛。女人不是某种令人费解的爱慕所针对的"神秘的"东西。我们不再能成为女人魅力的牺牲品，女人的魅力最终被祛除了，因为这里表明的是，女人如

26　毕加索：《讲话与自白》，第29页。——原注

何完全受到造型艺术家的摆布，造型艺术家能够把女人还原为一些最简单的几何图形。这背后隐含着那种对作为意志的主体的形而上学的自我解释。意志不必以现成事物为指向，相反，它必须支配现成事物。在通过多维性的手段而进行的总体表现中，发生着这样一种支配。不再有任何能够逃脱这种暴力的非当前之物。我们在这里没有看到一种把人逐出艺术的现象（就像奥尔特加·伊·加塞特所认为的那样），相反地，我们看到的是一种对完全为意志所统治的人的彻底重建（Instaurierung）。但这里同时亦可明见，人作为对象如何被非人化了。这一点我们后面还要论及。

毕加索的艺术与尼采的哲学思考有着近邻关系（且让我们说得更谨慎些：是毕加索的那种由多维性规定的艺术，因为他的创作的整个发展是多层面的）。因此，如果我们能够从尼采那里得到一个答案，得知这种艺术的要旨为何以及在这种艺术中什么东西在起作用，那是并不奇怪的。所以，尼采早已先行理解了那个简化的变形原则。

逻辑的和几何的简化乃是力之提高的一个结果：反过来，对这样一种简单化的知觉又提高了力感……发展的顶峰是：伟大的风格。[27]

在这个句子中，尼采十分清楚地道出：毕加索的要旨何在，毕加索关心的是力之提高，这种力之提高包含于每一种简化中，因为在被简化的事物中，艺术家作为这种简化的实现者而露面，从而他对这个被简化的显示者本身的控制也得到了显露。这种力之提高也使那种从毕加索的画中散发出来的令人难以置信的魅力变得明白可解了。毕加索的画起初使我们反感，因为我们在其中找不到我们所期望的东西。但一旦我们理解了画中表现的是支配意志的力，则我们就会在某种限度内认同于这种意志（而不是它的牺牲品），并且通过这种认同去分享它的丰富强力。尼采明确地说："艺术家不应按事物的原貌去看待事物，而是要注意事物

27　弗里德里希·尼采：《强力意志》，第800条。——原注

更充实、更简单、更强壮的一面"。（同上）

在尼采的下面这段话中，我们恰恰也已经清楚地看到了那种强制因素：

> "现代艺术乃是制造残暴的艺术。——粗糙的和鲜明的线条逻辑
> （Logik des Lineaments）；动机被简化为公式，公式乃是折磨人的东
> 西。……色彩、质料、渴望，都显出凶残之相。……总的说来就是逻
> 辑、巨量和凶残。"（尼采：《强力意志》，第827条）

在毕加索那里，我们看到一种关于转变过程的更为小心的说法："通过艺术，我们表达出我们关于非自然的东西的观念"[28]。在这个否定性的刻画中，没有说出尼采清楚地揭露出来的东西。而在稍后的一段话中，我们更能找到一个提示，尽管它起先纯粹被看作是对绘画技巧的说明。毕加索说："以前，画是一步一步地趋于完成的。天天都添上一些新东西。一幅画就是添加的结果。而在我这里，画乃是摧毁的结果"[29]。

在继续进行对多维性的详细论述之前，我们想来探究一下这一意志方面。毕加索的画《梳发裸女》作于1940年。[30] 首先给人一个假象，仿佛这幅画根本就无关乎我们所说的那个基本特征，即我们可以用公式来表示的那个基本特征：意志对人之存在的主宰。的确，我们在画上经验到的，并不是对自行显示之物的制服，而恰恰是动物性、本能在其排斥所有其他事物的暴力中的爆发。这种爆发是如此彻底，以至于人转变成一只动物了。画中女人的面部的侧面显示出一个带有鼻孔的动物脸孔。臃肿的肚子和屁股，以及被画得很短的大腿，全然是一只动物的样子。脚指甲成了爪子。人们会以为是看到了一只来自幻想世界的长翅膀的怪兽，而不是一个女人。

28　毕加索：《讲话与自白》，第10页（1923年的自白）。——原注

29　鲍克：《毕加索》，科尔哈默出版社，斯图加特，1955年。毕加索与克里斯蒂安·蔡尔福斯的谈话，载于《艺术手册》（*Cahiers d' Art*），1935年，第173页。引自鲍克书第504页。——原注

30　见鲍克书中的复制件，第251页。——原注

在《浴女》（1927年）这幅画中，整个身体都变成了性征。（同上，第392页）给人一个印象是，好像画家在处理一种"胸部长足的动物"。就连女人的发辫，或者说头发，也变成了胸部上的赘生物，如同几只手。此外唯一尚可识别的人的身体部位是屁股。

在《纪念碑：少女》（1927年）（同上，第327页）这幅画中，毕加索也做了同样的抽象。脑袋这个理性的中心部位变成了一个勉强还能忍受的附属物，而生殖器则具有纪念碑的形式。在这里，意志的要求受到了怀疑，因为阴暗的、无意识的本能摆脱了任何意志的控制要求——对于这一点，还有更为清晰的证据吗？

可是，更仔细地考察一下，我们就能清楚地看到下面这一点：要是忽然间那些性征排斥了画上的其他所有东西，要是那些性征变得过度茂盛，要是人们通常恰恰想隐藏起来的东西被暴露出来了，那么，画家这样做，就并不是由于害怕这种危险的东西，不是为了警告人们提防、逃避这种危险的东西，而恰恰是为了主宰这种危险的东西。在《纪念碑：少女》这幅画中所描绘的，应是这种危险的东西的本质。而剩下的东西——除了那个比较小的脑袋之外——就是一个巨大的胸脯了，它一方面笔直上升，被描绘成脑袋的基座，另一方面又在水平方向上，构成一个红色三角形与一个蛋形形象的联系，后者暗示着屁股的形状。这个蛋形形象坐落在一个三角形上，而这个三角形则起了性别象征的作用。在画的左半幅，使用了同样是圆形的象征符号，表示那个巨大的红色三角形的基座。少女的本质被还原为性征了。一切不属于本能的东西都被取消掉了。

从这幅画中，我们决不会生出一个印象，好像其中表达了一种抑制不住的、冲破一切桎梏的本能。在这画中，根本就没有无拘无束的、不受控制的、盲目增生的东西。一个值得注意的转变发生了。由于人被艺术家明确地还原为本能性的东西，他就没有被遗弃给处于冲动状态中的本能，本能倒是受到了抑制。意志能够如此夸大本能（及其器官），这是一个标志，表明本能是屈服于意志的。本能失去了狂放不羁、不断张扬的特性。如果说这幅画中的所有形状都具有某种强烈、笨重的轮廓，那么，画家是借此来形象地说明，对本能的驯服过程已经完成了。这幅画的整个结构是静态的。这是要表达出：在这里一切都已经被确定了，不再有爆发的危险。在热烈的红色与阴冷的蓝色的对照中，显明了主动性与被动

毕加索　梳发裸女　布面油画　130cm×97cm　1940年　纽约私人收藏

性的对照。但恰恰是色彩的纯粹，即色彩的泾渭分明，昭示着那种已经完成了的控制，也表明，每一种色彩都是在特定界限内被画下来的，没有一种色彩蔓延到另一种色彩上。红色固然强烈地闪烁，但没有真正像火一样燃烧起来，它并不具有那种吞噬一切、活力惊人的火焰的不安。

综上所述，我们可以认识到，本能已经被纳入意志的势力范围之中了，变成了意志的一个工具。尼采也已经预见到了这一过程，他谈到，对兽性的强调恰恰是为了增强生命感，成为一种兴奋剂。

> 艺术让我们想起了兽性的生命力的状态；艺术一下子成了形象和意愿世界中旺盛的肉体的涌流和漫溢；另一方面，通过拔高了的生命形象和意愿，也刺激了兽性的功能——那是一种对生命感的提高，生命感的兴奋剂。
>
> 丑陋的东西何以也能具有这种力量呢？因为它还能假借艺术家的伟大能量传达出某种东西，而这位艺术家已经成为丑陋和恐怖的主宰了……（尼采：《强力意志》，第802条）

本能从一种惊人的强力转变为一种听命于意志的力量。这种转变具有某种解放作用。人们看到这种解放作用受到抑制——他们感到自己受这种解放作用的摆布，至少是受到它的威胁。人们看到，本能并不是仅仅盲目的受驱使状态，而是服从于意志的。在下面这段话中，尼采谈到这种主宰，认为这种主宰是属于伟大风格的：

> 艺术家的伟大，不能根据他所激起的"美丽情感"来加以衡量，因为女人才相信这种情感；而是要根据他接近于他能够创造这种伟大风格的程度来加以衡量。这种风格与伟大激情有一个共同特点，就是不满足；它忘记了说服；它发号施令；它有所欲求……
>
> 主宰那种人所具有的骚乱；强制人的骚乱，使之成为形式：即逻辑的、简单的、明白无误的……——这在这里就是伟大的野心。（尼采：《强力意志》，第842条）

在我们看来，这种对骚乱的强制对毕加索来说具有关键性意义。让我们回头来谈他的多维性的女人肖像画。在1941到1943年间，毕加索作了整个系列的女人肖像画，但之后也还作过这种画，诸如1955年画的《土耳其女人》（汉堡艺术展厅）。在描绘角度，我们可以区分两种倾向：一是我们开始时谈过的展开式描绘（Auffalt-Darstellung），在这种描绘中，各种不同面貌被分成扇形形状而得到平行的描述；另一种是褶皱式描绘（Einfaltungs-Darstellung）或者压缩式描绘，在这种描绘中，各种不同面貌被压缩了，可以说被简化为一个区域了。（作为例子，我们可以指出毕加索1942年8月作的画《戴帽子的女人》。这种描绘不再像通常的单维面的塑造那样占有空间。）画家有时放弃用三角形来描绘，采用了其他图形，当然是一些简单、明了的图形。这是在追求一种日益增强的对熟悉景象的消解。（也可参照藏于德国埃森的福克旺博物馆的女人头像，1942年作）。对现有形状的摧毁可以推进得很远，以至于对这位艺术家来说很重要的克服因素，也即强力因素，突变为暴行了。在这里，被征服的阻力是这样被摧毁的，即：抵抗的可能性失效了。这样一来，征服者本身就失去了基础，丧失了强力。因为对某种昏聩无力的东西的征服，是不容许任何强力的发挥的，而且只还被认为是完全的暴行。

即便对于这种暴行因素，尼采也已经有了洞察。尼采在谈到艺术作品时说："……因为它在我们身上轻轻激起暴行欲（有时甚至是使我们难堪的欲望，成了自我强奸：而这样一来就有了凌驾于我们之上的强力感）"（尼采：《强力意志》，第802条）。毫无疑问，在毕加索身上也隐藏着这种自我强奸的倾向，摧毁所爱之物的倾向。但由此就同时表达出对所爱之物的特有的优越感，那种特有的强壮。如果说在前面给出的引文中谈到了这件事，说事物"不得不接受的正是这一点"——也即事物在塑造过程中发生的情况——，那么，我们或许就必须补充说：那是因为艺术家命令事物成为这样。而且艺术家之所以这样做，是因为他把自己理解为意志动物，这个意志动物只有表达出他的强力才能显示出他的意愿的力量。只有从某种一贯的意志立场出发，这样一种世界关联才是可理解的。

在观赏毕加索的根据多维性描绘方法创作的女人肖像画时，困难就在于理解必然的双重结构——在这里关涉到意志与阻力。首先我们观看的，或者说寻找

毕加索　土耳其女人　布面油画　81cm×65cm　1955年　巴黎私人收藏

的，只是阻力，也即一种对女人的描绘。我们尚不理解，女人并不是作为女人出现的，而是作为阻力而出现的，即意志为了试验其造型力量而挑选出来的阻力。正如我们先前已经提到的，女人其实被视为受爱慕、受热爱的东西（在基督教西方范围内）——在此我们只需提一下玛丽亚崇拜，即可说明问题了。如果意志成功地直接面对这个受到偏爱的"客体"而证明了自己，那么，它就完成了最极端的东西。通常我们并不理解，艺术家的转换可能性恰恰就是那个要被描绘出来的东西，而不是相关的人物，对于后者，我们其实不再能说，她们是否妩媚动人，是否聪慧可人，是否多愁善感，诸如此类。

画成了战场，成了争辩场所——两位争辩伙伴必须露面，那就是艺术家与要塑造的人物。艺术家越能远离于呈现在他面前的人物面貌，他就越强烈地感受到自己。在"对象"领域里，我们必须想到两方，即：实际上不再可见的一方（艺术家以此为出发点），以及眼下唯一地摆在我们面前的另一方。这样，我们才能够理解在艺术家与他的模特儿的争辩中呈现出来的张力。这种张力必定在画面上获得形态。它也发生在我们开头时谈到的那幅画上；画家在那里通过尖形与圆形的对立，通过色彩上鲜艳的黄色与暗绿色、蓝色、紫色、黑色的对照，使画面呈现出这种张力。由意志所控制的东西被固定于鲜明的形式和亮丽的色彩之中，变得透明了。

我们一开始就说过，人物坐的那把椅子并没有经受与这个人物同样的转变。这一点是不难说明的。椅子是人制造出来的对象，它自始就受到人的支配，在这里，仅仅通过转变能力是未必能说明这种支配力量的。与之相反，人并不是由人塑造出来的，在这里，一个令人激动的、完全非同寻常的过程乃是，按照另一个人的意志来实行一种对人的转变。[31] 按我的解说来看，这一事件在毕加索的多维度地构想出来的画中突然显明了。

---

31 人们或许会提出异议：在毕加索的另一些画上，我们无疑也能看到一种对人所制造出来的物件的转变，只要回想一下分析的立体派的那些吉他画。但在这里，恰恰是通过未经改变的椅子描绘（它给人现实主义的印象）与完全改变了的人之描绘的对照，就已经表达出症结所在——那就是对人的改变。——原注

毕加索　戴帽子的女人　布面油画　99.7cm×80.7cm　1942年　阿姆斯特丹国家博物馆藏

我们在本文开头时曾引用过毕加索的一个说法："艺术是谎言，它教我们理解真理……"。我们或许必须对之作一补充：艺术这种谎言教我们理解那种真理，就是当我们一贯地把自己理解为受意志决定的动物，并且相应地进行活动时向我们开启出来的那种真理。

如果我们来追问在这种画中有何种"切近"显露出来（在这整整一组画中），那么，我们就会碰到一种类似的表现，类似于在卡夫卡那里的情形。被描绘的事物由于受到控制而隐失了。这个被强行带近的东西，由于暴行而丧失了它的本质，只还重新反映出这种暴行本身。但是，它的本质丧失得越多，意志的本质就更多地从具有控制作用的强力转变为纯粹的残暴，这种残暴使被控制者变成玩物，剥夺了它的一切抵抗可能性。

我们已经看到，毕加索是怎样触及这种残暴的，其实是当他把变形推向极端，对变形欲望感到愉悦时，才偶尔落入这种残暴中的。值得注意的是，这位画家如此强烈地关注我们时代的残暴，以此为主题加以描绘，目的是为了抨击这种残暴，[32] 自身却又能耽于这种残暴。也许这是一个暗示，表明这种残暴根本上就是我们时代的一个危险——我们这个时代正是由意志本质所决定和烙印的时代，在我们这个时代里，意志的反常化作为可能性总是跃跃欲试。[33]

在这种艺术中，"切近"是如何显示出来的呢？以一种分裂的方式。强力意志在克服一切阻力之际，要求一切都认同自己，或者我们说得更小心些，诱发着一种认同。在其中我们经验到某种诸如意志自由之类的东西，这种意志只听从或者说服从它自己的命令。我们置身于这种意志力的令人喜悦的魅力之中。但同

32　《格尔尼卡》的描绘无疑比更后期的画《在朝鲜的屠杀》（1951年）中对于反常化暴力的描绘更为强烈，更有说服力。在后面这幅画中，毕加索没有成功地把这场战争的残暴转换为画面。它的效果更像一个恐怖童话。——原注

33　如果说我们所讨论的毕加索的女人肖像画，恰恰是在欧洲和世界所经历的最残暴的时代里创作的，那么，这个事件中的某种东西就可能已经深入到了这些画中，并且通过这些画而变得显明了。不过，我们并不能满足于这种提示，倒是必定有这样一个问题：何以可能出现这样一种人之存在的反常化？而且在这里，我们把意志维面的极端化视为根本性的东西。——原注

时，我们也进行对那个为意志所征服的东西的认同。我们忍受着暴力，我们已经遭受了这种暴力。我们已经看到，意志必然需要某种阻力，以便作为意志不断地考验自己。对于作为被征服者的我们来说，意志是残暴的。它剥夺了我们的本质，乃是一种地地道道的威胁。在有力（暴力）与无力（本质之被剥夺）的相互作用中，"切近"表现为危险的分裂状态。因此，这些艺术作品的作用也是分裂的。如果我们不想从表面的审美魅力出发来评判这些艺术作品，而且不想把它们限制在这种审美魅力上，那么事情就是这样——也就是说，只要意志是在强力状态中被经验的，这些艺术作品就吸引我们，产生令人喜悦的作用；而同时，这些艺术作品也是令人抑郁的，因为意志为了显示它的暴力，变成了残暴，无情地摧毁了它的反抗者。我们在此从毕加索的作品中经验到的，乃是这样一个过程，我们置身于这个过程中间，而又不愿承认它。当人把他人视为客体，即人自以为能够绝对支配的客体，这时就开始了新的世界历史时代。我们还不知道我们因此面临着什么，我们也根本没有对之有所准备；但如果说这一过程在艺术中得到了表达，那决不是偶然的。

毕加索　格尔尼卡　布面油画　776cm×349cm　1937年　西班牙索菲亚王后艺术中心博物馆藏

附录 2：
绘画作品中的澄明与遮蔽 [1]

［德］洛伦兹·迪特曼　著

　　对于现代绘画具有决定性意义的明暗现象，本质上还是未被认识的。

　　几百年以来，人们一向把图像中的光看作"照明光"，而把图像中的暗看作"影"。沃夫冈·舍纳在其发轫之作《论绘画中的光》中，就援引列奥那多·达·芬奇的话，来给现代绘画中的光下了定义："达·芬奇明确地规定了在照明光的艺术世界中具有决定作用的光与影的概念。举例说来，一个放在桌子上的球，其侧面为一枝蜡烛所照亮。达·芬奇就把蜡烛的光源称为'luce'（即本因的亮光），把被照亮的球体侧面的光称为'lume'（即受动的光、物体光）。他对影也做了相应的区分：被遮住的球体侧面的影，他称之为'原本的影'（ombra primitiva，物体影），而另一种影，由前一种影而来充满空气并且投到桌子上面的影，他称之为'次生的影'（ombra derivativa，投射影）。"达·芬奇的另外一些句子说："'影是光的消减'。'被照亮就是分有照明光'。'从其本性来看，影属于幽暗，受动的光（lume）归于照明光（luce）的本性。一方（ombra）遮蔽，一方（lume）显示……'。在达·芬奇的这些规定中包含了对亮光与幽暗之二元论的强调，他区分了lux（亮光、光源）与lumen（受动的光、物体光），以及原始影（物体影）与次生影（投射影），这对十照明光的时代是适合的……" [2]

1　标题原文为：Lichtung und Verbergung in Werken der Malerei，作者洛伦兹·迪特曼（Lorenz Dittmann）系德国萨尔州大学艺术史教授。本文原载比梅尔编：《艺术与技术》（*Kunst und Technik*），美茵法兰克福，1989年，第311—329页。——译注

2　沃夫冈·舍纳（Wolfgang Schöne）：《论绘画中的光》，柏林，1954年，第83—84页。——原注

达·芬奇　1452—1519年

被海德格尔称为"西方最后和最伟大的美学"[3] 的黑格尔美学，是根据"绘画的基本原则"，即根据"具有涵括天地的情感、观念和行为的生动性，在多种多样的情境以及它们在肉体方面的各种显现方式中的内在主体性"的表现原则来思考光和影的。绘画的"感性材料"符合于这一"基本原则"，但绘画却聚合着"三维空间的整体"，从而使"面成为它的表现因素"，因为"这种把三维空间缩减为平面的过程是由内在化原则决定的，而只是由于这种内在化并不使外在事物总体性持存下来，而是对它进行限制，才可能在作为内在性的空间因素中呈现出来。"

据此看来，黑格尔也是在"内在化"方面，即"主体性"和"对象性"方面，来把握图画中的光的：绘画所用的"物理元素"，乃是"对象性一般地借以揭示出来的光。""在光中自然才第一次成为主体性的，于是光就是一般物理界的'我'，它……消除了沉重物质的单纯客体性和外在性，并且得以把后者从沉重物质的感性的空间整体性中抽离出来。由于光具有更观念性的性质，它就成为绘画的物理原则。"关于"主体性"与"对象性"的联系，黑格尔解说道："光之为光却只是作为主体性原则中的一个方面而存在的，亦即作为这种更观念性的同一性而存在的。有鉴于此，光只不过是一种显示，但它在自然界中一般地只是表明自身为一种揭示，至于光所敞开出来的东西的特殊内容，则是在光本身之外的对象性，后者不是光而是光的反面，从而是暗。光使这些对象事物以各自的形态、距离等等方面的差异而为人所认识，因为光照耀它们，也就是或多或少地照亮它们的暗和不可见性，并且使个别部分更可见地，也即与观赏者更切近地显露出来，相反地使其他部分更幽暗地，也即离观赏者更遥远地退隐。因为如果在此不考虑对象的具体颜色，则明与暗本身根本上关涉到光所照耀的对象在其特殊照明中与我们的距离。在这样一种与对象性的关系中，光所产生出来的不再是光本身，而是在自身中已经特殊具体化的明与暗、光与影，而光与影的多样配合就使

---

3 引文据黑格尔：《美学》，《黑格尔全集》第14卷，斯图加特，1954年，第12、19、23、24、25、64、25、26、62页。——原注

达·芬奇　蒙娜丽莎　公元1503—1506年　77cm×53cm　木板油彩　法国卢浮宫藏

客体的形象、客体与客体之间的距离以及客体与对象之间的距离成为可以识别的。这就是绘画所利用的原则，因为绘画的概念中本来就包含特殊化。"

因此，在绘画里，"光与影及其所有的明暗层次和极其精细的过渡，本身就属于艺术材料的原则，它们仅仅把关于雕刻和建筑自为地实际构成的东西的有意图的显像（Schein）产生出来。光与影，对象在其照明中的显现（在绘画中）乃通过艺术而不是通过自然光来起作用的……"[4]

光，作为"自然的第一个自身"，作为"一般物理界的我"，符合于有关作为"自为地存在着的主体性"之表现和媒介的绘画的内容上的主要规定性；不过，即使在黑格尔那里，光也是"照明光"，它照耀并且因此揭示暗的对象性；就这个方面来看，光始终还是艺术模仿和艺术显像（Schein）的要素。照明光能够使绘画以"适合意图的显像"产生出雕刻和建筑艺术"自为地实际构成的东西"，能够使绘画再现出自然的照明效果："白天的光，晨光，午光和夜光，日光或者月光，晴天或者阴天的光，暴风雨中的光，烛光，室内的，从外面投来的或者是平均分布的光，总之，千变万化的照明方式在这里都会产生千变万化的差异。"

唯对于颜色的构造，黑格尔接受了歌德的思想，强调光与暗的其他方面："在这一联系中，……两个原则并不是独立的，而是把自己设定为统一性，光与影的交互作用。以此方式在自身中变得阴暗的、暗淡的光，但恰恰穿透和照亮黑暗；它给出颜色的原则，作为绘画的真正原则。"但即便对于颜色，黑格尔也是鉴于对象之表现和感受的丰富性来理解的："形状、距离、界限、圆整，总之，空间中的显现的所有空间关系和差异，在绘画中都只有通过颜色才能表现出来；颜色的更为观念性的原则也只能表现一种更为观念性的内容，并且通过更深刻的对立，通过无限多样的中间层次、过渡和极为精细的细微差别，在表现所接受的对象的丰富性和特殊性方面，赋予最为广阔的作用空间。"只有"绘画通过颜色的使用而把富于心灵的东西（带）向其真正活生生的显现……"

在达·芬奇的理解中，光与影并不是等价的两极。达·芬奇把光称为"精神

4　海德格尔：《尼采》，第1卷，弗林根，1961年，第100页。——原注

的", 把影称为物体的: "影起于两个相互类似的事物, 其中一个是物体的, 另一个是精神的 (spirituale)。物体是暗的、包含和引起阴影的东西, 精神是被分享的光。"[5]

尽管在达·芬奇那里, "精神"也不再是什么超验的东西 (Transzendentes), 而是"力量", 但在这样一种区分中, 也还回响着古代和中世纪的光之形而上学 (Lichtmetaphysik) 的观念,[6] 即起自神话传统、植根于柏拉图的哲学沉思并且在后世发生了多样变异的那些观念和思想——它们具有不同的理智和感性的关联。[7] 最后, 在现代形而上学中, 以汉斯·布鲁门贝格的话来讲, "有如此之多的超验之光'转渡'到主体那里, 以至于主体成了'自行照亮的'……人类精神的光之特性恰恰就显示在, 对这种光的黯淡过程和误导过程的分析及其后继的消除被理解为哲学'方法'的新任务。"[8]

光之形而上学的观念进而在现代艺术理论中发挥了作用, 在费奇诺[9] 那里, 在祖卡里[10] 和乔瓦尼·帕罗·罗曼佐[11]那里,[12] 直到菲利浦·奥托·伦格[13], 受到雅各布·波默 (Jakob Böhme) 的思想的激发, 也能说: "光是善, 影是恶……;

---

5 列奥那多·达·芬奇:《关于绘画的书简》, 海因里希·路德维希编, 维也纳, 1882年, 第547段。——原注

6 参看M. 巴拉施 (Moshe Barasch):《意大利文艺复兴时期艺术理论中的光和颜色》, 纽约, 1978年, 第54—57页。——原注

7 参看拜尔瓦尔特斯 (W. Beierwaltes)、博尔曼 (C. V. Bormann): "光", 载《哲学历史辞典》, 第5卷, 达姆斯达特, 1980年, 第280—290页。——原注

8 汉斯·布鲁门贝格 (Hans Blumenberg): "作为真理之隐喻的光", 载《一般研究》, 第10号, 1957年, 第7卷, 第432—447页。——原注

9 费奇诺 (Marsilio Ficino, 1433—1499): 意大利哲学家和人文主义者。——译注

10 祖卡里 (Federico Zuccari, 1542—1609): 意大利画家。——译注

11 乔瓦尼·帕罗·罗曼佐 (Giovanni Paolo Lomazzo, 1538—1600): 意大利画家。——译注

12 参看潘诺夫斯基 (Panofsky):《观念——关于古代艺术理论概念史》, 柏林, 1960年, 第30—31、47页。—— 波哈特 (Götz Pochat):《美学与艺术史——从古代到19世纪》, 科隆, 1986年, 第240—241、302页。——原注

13 菲利浦·奥托·伦格 (Philipp Otto Runge, 1777—1810): 德国浪漫主义画家。——译注

祖卡里　1543—1609年

瓦萨里、祖卡里　最后的审判　壁画　1572—1579年　佛罗伦萨大教堂穹顶

光是我们不能把捉的，影是我们不应当把捉的……"[14]

在这样一些观念中，"光"成了至高者的楷模，"影"则是未被把捉的，或者被赋之以消极的含义。对现代绘画来说具有构成作用的明暗，因此始终未被认识。即便在黑格尔美学所阐发出来的思想中，明暗问题也隐匿了；这种思想把光理解为自然的"主观方面"，并且把光与"客观性"联系起来。

于是，艺术史的阐释便被指引到不同于"美学"的思想道路上了。

个中前提乃是恩斯特·施特劳斯所做的严格以现象学为定向的研究，其研究使绘画的明暗摆脱了它与"照明光"和阴影给定过程的联系，摆脱了光和"对

14　引文据海因茨·马蒂雷（Heinz Matile）：《伦格的色彩学说——关于艺术家色彩学说史》，第二版，慕尼黑，1979年，第130页。——原注

象"的关系，从而也就摆脱了对经验上现成事物的模仿的范畴。施特劳斯说："自然不知道明暗。自然也许知道从明到暗的逐渐过渡：黄昏、半暗或曙光，也即这样一种状态，在其中两个现象不再（或尚未）以其全部力量显现出来，而是以一方向另一方变换的尺度减少（或增加）。然而，至少在其17世纪和18世纪的完美发展时期，绘画所形成的明暗恰恰表现为这样一种状态的反面：在这种状态中，被聚集的、大多情况下直接延展的明亮和沉入自身中的暗，在其所有介于阴暗和幽暗的阶段上，都被带向直观。它的光和它的暗处于相互的两极张力的关系中，或者是相互渗透的……只有这样，现代绘画的构成想象才能创造那种出离其图像世界的关键的艺术手段，它具有充分的效力，足以去规定一种艺术所具有的最深刻的超自然特性，这种艺术表面上恰恰是通过它有意识地诉诸可见的材料而与中世纪的绘画以及当代的绘画区分开来。"[15]

在这里，由"出离"（Entrückung）和"超自然特性"等概念所暗示出来的东西，应该归于一个更广大的思想境界吗？是马丁·海德格尔的说法为此开辟了一条道路。[16]

---

15 恩斯特·施特劳斯（Ernst Strauß）：《论明暗的开端》，1959年，重印于恩斯特·施特劳斯：《乔托以来关于绘画的色彩史探究以及其他研究》，洛伦兹·迪特曼编，慕尼黑，1983年，第49页。——此处也可参看拙著《西方绘画中的色彩构成和色彩理论——一个导论》，达姆斯达特，1987年。——原注

16 在此主要可参看：魏尔纳·马克斯（Werner Max）：《海德格尔与传统——存在之基本规定的问题史导论》，斯图加特，1961年（第243页："唯有海德格尔真正克服了传统的'光的形而上学'"，关似说法可见于该书第150、151、189页）。迪特尔·辛恩（Dieter Sinn）："海德格尔后期哲学"，载《哲学评论》，第十四年度，1967年，第181—182页。瓦尔特·比梅尔：《马丁·海德格尔》，汉堡，1973年，第79—97页。迪特尔·雅尼西（Dieter Jähnig）：《艺术与空间》，载《回忆马丁·海德格尔》，京特·纳斯克编，弗林根，1977年，第131—148页。弗里德里希-威廉姆·冯·海尔曼：《海德格尔的艺术哲学——对"艺术作品的本源"一文的系统阐释》，美茵法兰克福，1980年。盖尔哈特·法登（Gerhard Faden）：《艺术的显像——论海德格尔的美学批判》，维茨堡，1986年。

盖特曼-西费特（Annemarie Gethmann-Siefert）相信，为了评判艺术学与海德格尔思想的关联，可以放弃任何对作品分析的探讨。如此它既没有公正地对待艺术史的试验也没有公正地对待海德格尔的思想。（盖特曼-西费特："马丁·海德格尔与艺术学"，载《海德格尔与实践哲学》，盖特曼-西费特和奥托·帕格勒尔编，美茵法兰克福，1988年，第251—285页）。——原注

海德格尔的《艺术作品的本源》[17] 把作品理解为"对立"（Gegenein-ander），"世界与大地的争执（Streit）"（参看第47、48页）。"世界"概念，"向来就是海德格尔解释学的指导概念"，而在"大地"概念中则包含着一个"对立概念"。[18]关于所谓的"大地"，我们可以用一些引文来加以说明："大地是一切涌现者并且作为这种涌现的归隐之所。在涌现中大地作为庇护者成其本质"（参看第41页）。"神庙作品……由于建立一个世界，它并没有使质料消失，倒是才使质料出现，而且使它出现在作品的世界的敞开之中：岩石能够承载和持守，从而才成其为岩石；金属闪烁，颜料发光，声音获得朗朗出声，词语得以道说。所有这一切的出现，是由于作品把自身置回到石头的硕大和沉重，木头的坚硬和韧性，金属的刚硬和光泽，颜料的明暗，声音的音调和词语的命名力量之中。——作品回归之处，作品在这种自身回归中让其出现的东西，我们曾称之为大地"（参看第45页）。"色彩闪烁发光而且唯求闪烁。要是我们自作聪明地加以测定，那色彩早就杳无踪迹了。只有当它尚未曾揭示、未曾解释之际，它才显示自身。因此，大地使任何对它的穿透在它本身那里破灭了"（参看第45页）。"只有当大地作为本质上不可展开的东西被保持和保护之际——大地退隐于任何展开状态，亦即保持永远的锁闭——大地作为敞开地澄明的大地才显现出来。……大地本质上是自行锁闭者。制造大地意谓：把作为自行锁闭者的大地带入敞开之中。——这种对大地的制造由作品来完成，因为作品把自身置回到大地中。但大地自身锁闭并非单一的、僵固的遮盖，而是向着其质朴的方式和形态的无限丰富性展开自身"（参看第45、46页）。"世界是在一个历史性民族的命运中单朴和本质性的决断的宽阔道路的自行公开的敞开状态。大地是那永远自行锁闭者和如此这般庇护者的无所促迫的涌现。世界和大地本质上彼此有别，但却相依为命。世界建基于大地，大地穿过世界而涌现出来。但是世界和大地的关系绝

17　引文据海德格尔：《林中路》，美茵法兰克福，1950年。——原注（以下引文之中译文，可参看海德格尔：《林中路》，修订本，孙周兴译，上海译文出版社，2008年。——中译者）

18　参看伽达默尔在他为海德格尔《艺术作品的本源》雷克拉姆版所写的导言，斯图加特，1960年，第108页。——原注

不会萎缩成互不相干的对立之物的空洞的统一体。世界立身于大地；在这种立身中，世界力图超升于大地。世界不能容忍任何锁闭，因为它是自身公开的东西。但大地是庇护者，它总是倾向于把世界摄入它自身并扣留在自身之中"（参看第47页）。

我们可以从上面所引的句子中推出：在其向来特殊的主题构成上，绘画的明暗乃是"世界与大地的争执"的方式之一。它把"单朴和本质性的决断"的敞开域（das Offene）置回到"色彩的明和暗"之中，光显示为光，暗展示为暗——以及两者的交互运作。于是，它就成为真理建立到作品中去的一种方式。"真理只有作为澄明与遮蔽之间的争执在世界与大地的对立中才成其本质"。

在另一处，海德格尔写道："'遮蔽—非遮蔽'之领域，比起通常流行的veritas［真理］和'真理'（Wahrheit）这两个名称告诉我们的东西，对我们是更为直接亲熟而可通达的。严格讲来，我们在'真理'这个词语上不能思考什么，更不能'直观地'设想什么。而毋宁说，为了赋予这个词语以一个含义，我们必须立即求助于一种不论从何借来的真理'定义'……"[19]

关于绘画中的"澄明与遮蔽"的种种不同方式，我们不妨选择五件绘画作品，做一番简短的探讨。

在提香1570年以后创作的《基督加冕》中，[20] 基督受难这个世界历史性的事件被置回到图画秩序的固定性、背景的密度、色彩的物质性之中。人物形象伟岸而亲切地浮现在我们面前，而又消失在立体图像空间的遥远之中。[21] 基督处于图像的中心位置，他被一个穿着暗色的华丽服装的男人半掩着，这个男人飞快地奔

19　海德格尔：《巴门尼德》，《全集》第54卷，弗莱堡1942/1943年冬季学期讲座，弗林斯（Manfred S. Frings）编，美茵法兰克福，1982年，第19页。——原注

20　此处也可参看作者对慕尼黑古画陈列馆中提香《基督加冕》的评论，"色彩构成作为'神秘形式的理性化'"，载《艺术研究杂志》（Diversarum Artium Studia），论艺术学、艺术技术学及其边缘领域，海因茨·罗森—伦格纪念文集，恩格哈特和肯普特编，威斯巴登，1982年，第127—145页。——原注

21　参看恩斯特·施特劳斯：《色彩史研究》，第66页。——原注

提香   1485—1576年

向台阶，他想制止救世主的痛苦，[22] 但又以其冲动保持着袭向基督的形体姿势。基督深深地隐失在遮掩中，他畏畏缩缩，隐藏于自己的位置：围在他肩上的受难服的曲线还没有叠好，衣服的两个带白色的褶边也毫无遮掩地从领子伸向手臂。不过，这幅画的特殊之处显示在人的暗对基督之光的掩盖中。如果欣赏者能够认同于这个形象，那么，难道不正是我们——当我们趋近于基督时——既掩盖了基督，又伪装了基督吗？那个年轻人手上拿着的木棍遮住了这个角色的右腿，而这些木棍是与一种直接的认同格格不入的。——基督隐失在他的光芒中，隐失在他自己的、并不是由任何外部的"光线"所带来的暗中。这是一种棕黑色的暗，近于黑色背景的褐灰色，而这个黑色背景又可以区分为阶梯建筑的深色调，粗琢石墙的浅灰色调，门拱的深色的、红褐—黑色，以及天空的青灰色的冷色调。天空与"大地"——那拥抱并且拘留着基督的建筑物——因此被包容在一种自成一体的暗中，这种暗各个不同地进入明亮而开启出来，在阶梯中，在黄灰色的石墙斑痕中，在灰白色的云朵中。但是，就连基督的橘黄色的、赭色的肉色，由于笼罩在灰黑色的阴影中，也从背景中被释放出来，尽管不同于行刑者的灰褐色的肉色，不像后者那样连续。一丝细微的光带把左侧的受难服与背景的暗分离开来。基督自身接受、采纳了暗，但却把它转变为他的身体、形象的坚定性。暗，那是威胁、疏离、敌视、迷乱的媒介，在基督形象中成了自行隐匿、庇护、不可触犯的处所。类似地，光自身也分裂地显现出来。基督把图画的光聚集起来，在他衣服的白色和他肉体的光亮中。与他形成强烈对照的是不息地闪烁的、苍白的、虚弱的光亮，就是烛台发出的玫瑰红色的、灰黄—灰白的光。这种光的虚假和阴森特性成了这一场所的情调的内在图像，分享着这一场所的隐蔽性的、敌意的暗。但基督却采纳暗，转变暗，把光当作他自己固有的东西敞开出来。

22　在《15和16世纪威尼斯绘画目录》（由罗尔夫·库尔策和彼得·艾克迈尔编，巴伐利亚州立绘画博物馆，古画陈列馆，慕尼黑，1971年，文本卷，第183页）中，这个形象被说成是彼拉多的夫人派去的使者（据《马太福音》第27章第19节），但此种看法与福音书文本并不相合。——原注

提香　基督加冕　布面油画　280cm×182cm　1542年　慕尼黑古画陈列馆藏

　　如果说在拉斐尔的《西斯廷圣母像》中发生了"上帝之人化的闪现"，[23] 那么，在提香的作品《基督加冕》中，就发生了基督受难的闪现——闪现为澄明与遮蔽。暗如同光一样，成为"迷误"（Irre）[24] 的媒介，另一种暗与另一种光，尽管是从同一个背景中形成的，[25] 却把基督的神秘公布出来了。基督的人性生命，基督的痛苦和死亡，本身就是受澄明与遮蔽的记号的支配的。[26]

　　伦勃朗的《基督的天国之行》显示出一种比在提香的画中更深广地起作用的暗，也显示出一种更明亮的闪耀的光。暗与光也被更严格区分开来了，相互之间有着更强的张力，但同样却比那里更平滑、更流畅地联结起来。最深的黑灰色的暗在云层中更加浓密。暗本身就是背景，"那背后"再也没有任何图画背景起作用。在右边的地平线之上，在其城市剪影之上，暗透露出一点点灰色。橄榄棕色的、黑黝黝的地面——更多地在俯视中给出的——描绘出那座山：基督就从那里升天，门徒们蜂拥而上，从深谷和大地的黑色幽暗而来。但这种暗本身向着光揭示自己。门徒们的肉色发出柔和的光，有如透过雾霭一般。使徒们个个不同地朝向光明：前面那个张开双臂，以其被黑灰色的阴影所掩盖的微红色调，与地面的橄榄绿相结合，在其中照耀着一种温暖的大地之光，是由自身而来，而不是被天空之光所照亮。他背后正在祈祷的那个门徒身着蓝黑色的服装，其况味有如所有人类之阴暗的浓缩。他的面孔和双手的闪光回应着天空之光。天空本身乃集澄明与遮蔽于一体。比门徒们周围的暗效果更强烈的，是云朵，那是一种具有掩蔽

23　海德格尔："关于西斯廷"，引文据海德格尔：《思的经验》（1910—1976年），美茵法兰克福，1983年，第71页。——原注

24　海德格尔：《论真理的本质》，美茵法兰克福，1954年，第22页。——原注

25　黑策（Theodor Hetzer）讨论过提香画作中色彩的"潜能"（Potentialität）（黑策：《提香及其色彩史》第二版，美茵法兰克福，第52—56、166页）。比这个形而上学概念更合适的，或许是"生长"（Wachsen）之类的词语。"人们经常用'生长'来翻译φύειν［涌现、自然］，这也是正确的，但人们忘了，以希腊方式把这种'生成'和'生长'思考为一种产生，即从胚胎之遮蔽状态和处于白昼光明的大地之幽暗里的根源中产生出来"（海德格尔：《巴门尼德》，第211页）。——原注

26　参看海德格尔："神秘的是上帝的敞开，而不是上帝本身"（《演讲与论文集》，弗林根，1954年，第197页）。——原注

拉斐尔　1483—1520年

拉斐尔　西斯廷圣母像　布面油画　265cm×196cm　1513—1514年　德累斯顿艺术博物馆藏

作用的、稠密的幽暗。通过这种质料性的阴暗云朵，天使的衣衫飘向基督。基督稳稳地站在云朵上，作为一个坚固的基座，云朵被天使的衣衫推向上方，推向天空：基督肉身被接纳入天空中——肉身地，但却在光明中被神化了。基督本身并不发出光，而倒是向着从上面、从圣灵的鸽子流淌下来的光开启自身。不过，基督之光依然闪烁，与他衣服发黄的白色相结合，比天空之光更加明亮。因为天空之光抑制自己，一直在圣灵的黄色光辉中柔和地隐蔽着，仿佛它——毫无遮蔽地——超越了人类的理解力。于是，这种被掩埋、被遮蔽的天空之光，就可能在圆形山顶半暗的、橄榄棕色的光芒中找到一种回响。这幅画在基督之光中得以完成，而基督却指引着一种自行遮蔽着的更高的光，他从中获得自己更明亮的特性。幽暗的大地自己找到了通向一种被掩藏的、明亮的解蔽的道路：基督升天这一世界历史性的事件把大地与天空带入澄明与遮蔽的交互游戏中。

这幅画在基督之光中完成自己。这种光比云朵和大地的暗（空间上更切近的）更切近于我们。基督之光照临，基督向我们揭示为升天者。灵光的柔和而节制的照耀，以及一道围绕基督形象的超凡之光的冷蓝色边缘，使更为明亮的、发出光芒的基督之光离我们近了。这幅画本身成为解蔽之发生（Geschehen），把我们一道纳入这种发生中。观赏者的视域落在基督站立的云朵的高度上面。由之而来，我们得以仰望基督，俯视大地和门徒们。于是，我们本身——以我们自身的重和暗（但排除实在的尺度）——被纳入升天之发生中了。这一关系反过来也说明了对于新近艺术来说非同寻常的圣像学意义上的画面特殊性，即：基督不是靠自己的力量，而是借神性的帮助，借天使的帮助，才被接纳到天国中的。[27] 因此，宗教内涵就变成主观上可体验的。这一点与形象的被提升了的"对象性"，

27　慕尼黑古画陈列馆：《陈列画作解说》，慕尼黑，1983年，第420页。——原注

伦勃朗　1603—1669年

伦勃朗　基督的天国之行　布面油画　92.7cm×68.3cm　1636年　慕尼黑古画博物馆藏

乃是一种形而上学—美学态度的特征。[28] 但绘画并没有消溶于其中，因为"体验"与"对象性"乃植根于无所不包的澄明与遮蔽之事件中，那是一个摆脱了直接的"体验"和"对象化"的事件。

把近代的明暗转变为一种"纯粹印象派的表现形式"，这乃是"塞尚最后十年创作生涯的划时代成就"[29]——之所以是划时代的，是因为在这里，在印象派对光中色彩所作的美化之后，暗重又进入绘画中了。现在，"澄明"与"遮蔽"——在一种深刻转变中，实即倒转中——重新规定着那些决定性的绘画作品。在这里所探讨的关联的视野内，这一点也论证了海德格尔思想与塞尚艺术的一种内在的切近关系。[30] 在塞尚的《圣维克多山》中，暗绿色的、蓝绿色的和若干红棕色的色块以紧凑的分级组合成深色的、抑制的暗色，这种暗在左边四分之一画面里大幅提高，在画面右半部分的宽阔平面上向前伸展。它环绕一个明亮的中心，被分为远山的冷蓝色和大地温暖的橄榄色光域。一束大地之光就这样回应着升向天空的山峰之光。山峰的蓝色在平面上反射出来，被接纳入天空若干个弧形带之中——天空通常是由多层次的冷绿色调、由灰紫色和间断的蓝色组成的——但它在画面上却已经完全突现于"前面"了，在画面左下方边缘部位的一个狭长幅面上。这幅画在"映射"（Spiegelungen）中找到了自己的特性，在种

28　海德格尔：《尼采》，第1卷，第91页。在"世界图象的时代"中，海德格尔写道："现代的第三个同样根本性的现象在于这样一个过程：艺术进入美学的视界之内了。这就是说，艺术成了体验（Erleben）的对象，而且，艺术因此就被视为人类生命的表达"（《林中路》第69页）。另一方面，海德格尔断定："任何一种真正的美学——例如康德的美学——都冲破了自己，这个历史事实是一个可靠的标志，一方面表明对艺术的美学追问不是偶然的，而另一方面也表明这种追问并不是本质性的"（《尼采》第1卷，第154页）。伟大艺术的作品在多大程度上越来越逃避形而上学美学的表象啊！——原注

29　施特劳斯：《色彩史研究》，第183页。——原注

30　海德格尔：《思的经验》，第163页。海因里希·维甘德·彼茨特（Heinrich Wiegand Petzet）：《迎向一颗星——与马丁·海德格尔的交往（1929—1976年）》，美茵法兰克福，1983年，第148—152页。贡特·绍伊博尔特（Günter Seubold）：《通向同一者的路径——论海德格尔的塞尚阐释》，载《哲学年鉴》，第九十四年度，1887年，第64—78页。不过，绍伊博尔特认为古代艺术"始终只在存在状态视野里"描绘"某个确定的存在者（人、风景……）"（第69页），这种观点是不当的。——原注

保罗·塞尚　1839 —1906年

种重复、适应和倒转中：大地以不同层次的绿色在天空中得到映射，光聚集于大地区域。大地自行锁闭于幽暗中，同时又对光开启自身。天空显现于一味抑制的光明中，在光明的转变本身中交托给澄明与遮蔽之发生事件。明亮的山峰，以相反的运动方向，在平面的中心幽暗中映射自己和遮蔽自己。这幅画以自己的方式把"大地与天空、诸神与终有一死者"[31] 聚集"于自身"，[32] 把它们聚集为"映射游戏"（Spiegel-Spiel）："四方中的每一方都以它自己的方式映射着其余三方的现身本质，同时，每一方又都以它自己的方式映射自身，进入它在四方的纯一性之内的本己之中。"[33] 与任何一幅早期绘画作品不同，塞尚的《圣维克多山》把大地映射到天空中，把天空映射到大地中，又映射"终有一死者"——但却作为"不在场者"，唯在他们的事物中，在房屋、田野和街道的当前之物中；也映射"诸神"——它们同样也作为不在场者——在山峰反射的白色的陌生而清冷的光中。一种"间距对照"把这种白色与其他颜色区分开来，那是一种"在画面颜色的五彩缤纷与它的无色状态之间不可逾越的距离"。[34] 这种白色是无论在哪里都不能复现的。在这样一种间距、这样一种唯一性中，这种白色能够指引"诸神"区域。映射的多重性是根据颜色的"单一性"、共同性才变得可能的。颜色的元素是"色斑"（taches colorées），即大大的、明显分层的色斑。它们并不再现任何个别事物，不过它们仍然不是抽象的设定，而不如说是充斥着直观的、在其中隐藏和遮蔽自身的事物的"等价物"。[35] 有如灌木丛，它们显露出生长、节奏、生命，一种"产生"，"从胚胎之遮蔽状态和处于白昼光明的大地之幽暗里的根源中产生出来"。[36] 它们的位置乃是远方。[37] 但它们的颜色，即

31　后期海德格尔用语，简译为"天、地、神、人"。——译注

32　海德格尔：《筑·居·思》，载《演讲与论文集》，第153页。——原注

33　海德格尔："物"，载《演讲与论文集》，第178页。——原注

34　斯特劳斯：《色彩史研究》，第183页。——原注

35　斯特劳斯：《色彩史研究》，第169页。——原注

36　海德格尔：《巴门尼德》，第211页。——原注

37　巴特（Kurt Badt）：《塞尚的艺术》，慕尼黑，1956年，第62页等。——原注

塞尚　圣维克多山　布面油画　60cm×72cm　1904—1906年　巴塞尔艺术博物馆藏

蓝色，借着其晚期作品的深色调，获得了一种全新的特征，变成一种被掩蔽的光的颜色。它从暗色中，从大大的、在其中切近的"色斑"（taches colorées）中发出亮光，"使远方切近而且作为远方而切近"。这种保持远方的"使切近"[38]（Nähern），作为"世界映射游戏的本真的和唯一的维度"[39]，作为处于颜色之共同性中的澄明与遮蔽，乃是这幅画的秘密。

38　海德格尔：《物》，《演讲与论文集》，第176页。——原注
39　海德格尔：《物》，《演讲与论文集》，第180页。——原注

1915年，保罗·克利在其日记中写道："为这个世界而跳动的心脏，在我体内却像死亡了一样。仿佛只还有记忆把我与'这些'东西连系在一起……现在我是不是会变为结晶类型呢？……人们离弃此岸地带，并且为此转而进入一个可能完整的彼岸地带进行建造……这个世界越是可惧可怕（正如在今日），艺术就越是抽象，而一个幸福的世界却带来一种此岸艺术。"[40] 这里难道不是显露出一种猜度，猜度到畏是对一切存在者的置疑的基础吗？海德格尔有言："此在基于隐而不显的畏而被嵌入无之中的状态，就是对存在者整体的超逾，即：超越（Transzendenz）。"[41]

以这样一种与"此岸"存在者的距离以及对"体验"的撤销，在克利那里就出现了一种对造型手段的深化分析和数学化。在这种数学化中，我们可以看到一种与"技术之本质"[42] 的隐秘联系。克利也把它把握为明暗造型。[43] 克利在1908年和1910年的笔记中说："除了建构性的图画造型，我也通过把层面归结为稀释的黑色水彩颜料的层面，来研究了自然的调性。每一个层面都必须完好地干缩。以此方式就形成了一种数学的明暗比例……"。"光之形式。我以此指的是根据与数学上同样幽暗的色块不同的明亮色块的铺展规律对明暗维度的换算……"[44]

40 保罗·克利：《日记（1898—1918年）》，费利克斯·克利编辑并作引言，科隆，1979年，第323页。克利以此思想显然处于1908年出版的威廉姆·沃林格（Wilhelm Worringer）的博士论文《抽象与移情》的印象中，后者在书中写道："移情的冲动是以人与外部世界之间一种幸福的泛神论的信赖关系为条件的，而抽象的冲动则是外部世界现象造成的人类的一种巨大的内心忧虑和不安的结果，并且在宗教关系上对应于一种对全部表象的强烈先验性的着色。这样一种状态，我们想称之为一种巨大的精神上空间畏惧。当提博尔（Tibull）说 primum in mundo fecit deus timor［原本在世上，恐惧创造上帝］时，他也是把这同一种畏惧感当作艺术创造的根源了"（引文据新版，慕尼黑，1948年，第27页）。对此可参看克里斯蒂安·格尔哈尔：《保罗·克利与包豪斯》，科隆，1972年，第24页。——原注

41 海德格尔：《形而上学是什么？》，第七版，美茵法兰克福，1955年，第38页。也可参看《存在与时间》第40节；《康德与形而上学问题》（首版1929年），第二版，美茵法兰克福，1951年，第214—215页。——原注

42 参看海德格尔："技术的追问"，载《演讲与论文集》，第29页。——原注

43 对此可参看斯特劳斯：《论克利的明暗学说》（1972年），重印于《色彩史研究》，第二版，第227—239页。——原注

44 保罗·克利：《日记》，第242、254页。——原注

保罗·克利　1879—1940年

在其包豪斯学说中，克利区分了一种"自然的秩序"与一种"艺术的秩序"，前者乃是"明暗调性的自然而然的交互涌动，明与暗之间的一种颤动"，后者则是"对明与暗的可测性的分析性解析。"[45] 借此"理性化"，明暗造型就被置于一个全新维度中了。但同时，克利关注一种充满张力的平衡，一种光与暗的"斗争游戏"："在自然中，白色无疑在活动的原始性方面具有优先地位……可能对于自然有效的东西，从白色一极而来的优越的活动性，不能把我们引诱到一种片面的看法上。因为即便在那儿也免不了斗争，原因在于白色本身是一无所有的，而唯在其作用中与对立面一道成就力量。所以，我们不仅要动用光明的能量来反对既定的暗，而且也要动用黑暗的能量来对付既定的光明。"[46]

　　克利[47] 在自己的作品中应和这一点。克利1925年的《古音》[48] 使得色彩之光以极其多样的层次从清冷的深蓝色的、灰黑色的、黑红色的暗中不断递升。在垂直方向上，它在由柠檬黄、红玫瑰色、绿白色、土黄色组成的色调中达到顶峰，在水平面上则展开于灰紫色、柠檬黄、黄绿色，进而展开于白玫瑰色和红玫瑰色，使得一条对角线的神圣轨道向右上方穿越中间深深的暗色区。色彩活动于不断的变异中，没有一种色调与另一种色调相同。克利把"纯粹的色彩"看作"一种彼岸的事情。"[49] 这种"彼岸的东西"，即"天空"，映射于暗色层次中，从暗色中发出光亮，被暗色所掩盖。"诸神"在其中作为不在场者而得到映射。"大地"显示自身为从暗色中被构造起来的。它从暗色中显露出来，显现为无根

45　保罗·克利：《雕刻的思想——有关形式和造型学说的著作》，斯皮勒（Jürg Spiller）编，巴塞尔，斯图加特，1956年，第8页，也可参看第10页。——原注

46　保罗·克利：《无限的自然史，雕刻手段的原则秩序，联系于自然研究，以及结构性的布局途径，形式和造型学说》第2卷，斯皮勒编，巴塞尔，斯图加特，1970年，第303页。也可参看《雕刻的思想》第423页。——原注

47　关于海德格尔对克利艺术的赞赏，可参看彼茨特：《迎向一颗星》，第154—159页。——原注

48　对此也可参看爱娃-玛利亚·特里斯加（Eva-Maria Triska）："保罗·克利四年展——其理论与其作品之关系的一个例证"，载《保罗·克利展览目录，1919—1923年作品，油画、速写、版画》，科隆艺术馆，1979年，第45—78页。——原注

49　保罗·克利：《雕刻的思想》，第469页。——原注

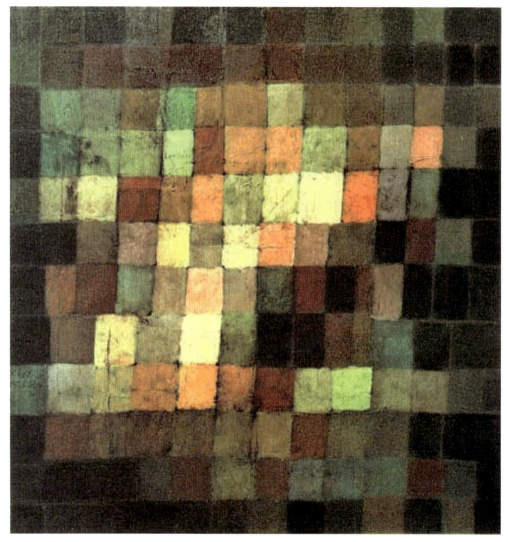

保罗·克利　古音　纸板油画　38cm×38cm　1925年　巴塞尔艺术博物馆藏

基和失重的，显现为漂浮着的。在这样一种漂浮中，它使失重的音响当下呈现出来，"不是一种特殊的音乐"，而根本上是"一种古音"。[50] 于是，这件作品成

50　费利克斯·克利（Felix Klee）："一次访谈纪录"，载《保罗·克利与音乐》，美茵法兰克福席尔恩艺术馆展览目录，第214页。——原注

了一幅回忆之图，是"思念之聚集"。"一切对可思之物的思念本身已然居于那种聚集中，通过这种聚集，所有依然有待思想的东西预先被庇藏和遮蔽了。"[51] 在这里，澄明与遮蔽在如此这般被思考的思念中找到了它直观的本质。而在其中——如同任何一件这类等次的作品一样，这幅画也有多重性——同时也回荡着作为过去的"古老"（Alter），因而也回荡着对"终有一死者"的"思念"，而这个"终有一死者"处于对"诸神"、对"大地"和"天空"的应和中。

如果说在克利那里"大地思想"是让位于"世界思想"的，[52] 那么，埃米尔·舒马赫（Emil Schumacher）则感觉到自己"更切近于大地，而不是更切近于星辰"[53]。舒马赫的作品与"大地"更切近地相联系，那是在海德格尔的多重规定意义上的"大地"。舒马赫的大量画作直接关联于大地及其颜色，即褐色。不过，艺术家的"材料"，颜料、画的底子、"拼贴"元素（诸如树叶、秸秆、破布、铁丝、渔网之类），也属于艺术作品文章[54] 中广义地讲的"大地因素"（das Erdhafte）。"大地"乃是作品的物性因素，其泰然的安息正是舒马赫画作的特性。在1987年的画作《亚特兰大》中，天空的蓝颜色本身以其致密和沉重"大地般地"显现出来。在暗条纹中变得浓厚的黑色乃是暗色的材料，时而煤炭般暗哑，时而漆一般闪烁，时而由于黑黝黝而变热，时而变得更清冷。但蓝色同时也是非物质性的暗，并且作为这样一种东西，它也是"被庇藏入暗色中的光明"[55]，这种暗把"光"保留下来，乃是"作为澄明之秘密"[56] 的暗。如同在中世纪的玻

51　海德格尔：《什么叫思想？》，图宾根，1954年，第97页。——原注

52　保罗·克利：《日记》，第353页。——原注

53　舒马赫引文据埃米尔·舒马赫：《纸上作品，1957—1982年》，汉诺威美术馆，1982年，第38、41页。——原注

54　显然是指海德格尔《艺术作品的本源》一文。——译注

55　海德格尔：《在通向语言的途中》，弗林根，1959年，第44页。——原注

56　海德格尔："思想的规律"，载《心理学与精神病理学年鉴》，第六年度，1958年，第40页。——原注

埃米尔·舒马赫　1912—1999年

璃窗中——在那里蓝色往往是光的色彩[57]——它发出光亮，与产生黑铅一样效果的黑色幅面形成对比。但与画作右上角闪耀的白色相对，它又变成暗色了。这种

57　参看路易·格罗德茨奇（Louis Grodecki）：《12和13世纪的彩绘玻璃窗和建筑》，载《艺术报》（*Gazette des Beaux-Arts*），第36期，1949年，第5—24页。——原注

既单一又多重的东西在蓝色中显示为澄明与遮蔽，在这幅画的所有维度中重复出现。无论是从正面看还是上面看，这幅画都是这样与我们照面的。黑色幅面于是就成了分支和横梁，河床和垄沟，以及大地内部的矿脉，后者同时变成作为"深渊"（Ab-grund）的位置。结构学从数学中解放出来了，于是与生长合二为一。遥远变成切近：从不可规定的深处，蓝色接近于我们，空间的深度变成"可把握的、可触摸的切近：画面空间……涌向前方。空间广度：描绘空间的线条"（舒马赫语）。在线条作品与色彩的交互作用中，这幅画使广度、远方和深度变得切近。它成为发生事件（Geschehnis），同时又静静地安于自身中。在技术进步的中心，这一类的作品让"在事物中接近的世界之切近"[58] 显现出来，让"映射游戏"显现出来，显现在暗暗发光的蓝色和"大地般的"黑色与具有消解作用、解放作用的白色（作为不在场的"诸神"的一个维度）的对峙中，在线条作品的升和降中——线条作品乃作为一种"涵含着生命的形式"（舒马赫语），恰恰因此也作为一种归属于"终有一死者"的形式。形式和色彩承载着伤痛、命运的踪迹，为艺术家以及事物的抵抗和痛苦所烙印。然而在这里，艺术行为才赢获了自己的语言。"我经验到"，舒马赫写道，材料"比一切计算更聪明"。于是艺术家——我们也会随艺术家一道——就成为"受限制者"（Be-Dingten）[59]，会意识到事物的不可支配性。艺术创作乃是对不可支配者的协调（Einstimmung）。艺术家必须应合图画所意愿的东西，当艺术家消解自身而变得安静时，艺术家的意志才能成就至高。[60] 海德格尔曾发问："难道作品之为作品不一定要显示出人不能支配的东西，自行遮蔽的东西，以便作品不仅仅道出人们已经知道、认识和从事的东西吗？难道艺术作品不一定要缄默于自行遮蔽的东西，作为自行遮蔽者而唤

58　海德格尔：《技术与转向》，弗林根，1962年，第44页。——原注

59　海德格尔："物"，载《演讲与论文集》，第179页。——原注
　　［此处"受限制者"（Be-Dingten）或也可译为"被物化者"。——译注］

60　埃米尔·舒马赫在1988年3月16日（海牙）与笔者的谈话中如是说。"我想画一幅红色的画，结果却变成黄色的。我要画一幅明亮的画——结果却一再变成一幅暗的画。"（舒马赫）——舒马赫之作画，概无准备性的速写，专注于"内在的画"并且起于作品本身的生长。——原注

埃米尔·舒马赫　亚特兰大　木板油画　170cm×125cm　1987年

起人的恐惧的东西，即对既不能规划也不能控制、既不能计算也不能制作的东西的恐惧？"[61] 舒马赫的画作显示出不可支配的东西，显示出自行遮蔽的东西。

上面考察的绘画作品以各自的方式，在它们的"澄明"与"遮蔽"中开启出"大地与天空，诸神与终有一死者"[62] 之四重整体（Geviert）。它们的先后顺序与"被表象的"上帝的隐匿相符合。必须从"大地"中，从物性因素中，赢获一种全新的、不同的关联——在"对神秘的虚怀敞开"中，以之作为一种态度，即"我们据以对在技术世界中隐蔽的意义保持开放"的态度。[63] 20世纪的绘画作品指向这种"神秘"，指向这种"隐蔽的意义"。

61　海德格尔：《艺术的起源与思想的规定》，载《思的经验》，第148页。——原注

62　或简译为"天、地、神、人"。——译注

63　海德格尔：《泰然任之》，弗林根，1959年，第26页。——原注

编后记

　　本书收录了马丁·海德格尔（Martin Heidegger，1889—1976）讨论艺术问题的四篇重要文章，按照写作（或演讲）的时间顺序排列起来，依次是"艺术作品的本源"（1935/1936年）、"筑·居·思"（1951年）、"艺术的起源与思想的规定"（1967年）和"艺术与空间"（1969年）。这四篇文章各有重要的意义，尤其以"艺术作品的本源"为最，后者已经是当代艺术理论的经典之作了。此外，这四篇文章都在一定程度上与造型艺术（绘画、建筑、雕塑等）相关联。本着系统化的理由，我们这里把它们汇集在一起，是为了方便有兴趣的读者进行专题阅读。

　　不待说，若要全面深入地了解海德格尔的艺术思想，仅凭上列四篇还是不够的，因为海氏艺术之思并非孤立的，而是其整体思想的一部分；另一方面，海德格尔的其他许多论著，虽然不一定以诗艺为专题，但却可能蕴含着丰富而幽深的艺术思想。

　　在本书"附录"部分，我们选译了瓦尔特·比梅尔的"论毕加索——对多维性的解说尝试"和洛伦兹·迪特曼的"绘画作品中的澄明与遮蔽"两篇文章。两文均是以海德格尔的艺术思想为出发点的。比梅尔教授之文载于他的《对当代艺术的哲学分析》一书中，已有中译本（孙周兴、李媛译，商务印书馆，1999年）；迪特曼教授之文载于《艺术与技术》（比梅尔编，美茵法兰克福，1989年），此次为首次汉译。

　　以海德格尔思想对于当代哲学和艺术的重要影响，国际学术界有关"海德格尔与艺术现象学"的讨论也已经是一大热点了，有价值的论著自然不在少数，本来是应该多译介一些的，但限于篇幅、时间和精力，我只选择了上列两篇代表性的论文。我以为这两篇文章已可构成范例，让我们了解如何运用海德格尔式的艺术现象学去解读艺术史和艺术作品。比梅尔教授这篇文章的行文似乎有点拖沓，实际上是在实践一种后美学的、现象学的艺术分析和描绘；迪特曼教授的文章，在思想资源的运用方面可能略显笨拙，但对于几件绘画作品的现象学分析却是颇令人折服的。

自2002年以来，本人在中国美术学院兼任教授，参与该院"艺术现象学研究中心"的工作，主要承担了该中心理论与实践两个方向的博士研究生的理论教学和指导，并开设了"西方诗学""艺术现象学专题"等课程。由于从小没有训练的机会，我对于美术是完全缺乏经验的，所以，这个工作经历对我来说更多地是一个学习的过程。本书的编译正是在此过程当中逐步完成的，原是想为研究生们提供一个方便的海德格尔艺术现象学读物。

书名"依于本源而居"是荷尔德林的诗句，海德格尔在"艺术作品的本源"正文结束处曾引用过该诗句，诗曰：依于本源而居者／终难离弃原位。在同一个语境里，海德格尔也说，荷尔德林这个诗句是一块"指示牌"，或可帮助我们做出或此或彼的"决断"：艺术是否能成为一个本源因而必须是一种领先，或者艺术是否始终是一个附庸从而只能作为一种流行的文化现象而伴生？（海德格尔：《林中路》，中译本，第66页）

——这又是何种问题、何种期待、何种暗示呢？

　　感谢中国美术学院院长许江教授多年来对我在美院的教学工作的大力支持，也感谢他允许我把本书纳入中国美术学院出版社的"断桥·艺术哲学文丛"里出版。许江教授还安排了美院油画系的余旭鸿博士为本书配制插图。余博士的努力为本书增色不少。余博士在配制插图时，德国画家埃米尔·舒马赫的儿子乌里希·舒马赫博士（Dr. Ulrich Schumacher）提供了资料帮助。在此一并致谢。

　　值此机会，我要对法国巴黎的友人、著名画家司徒立教授表达我的谢意。司徒兄也是中国美术学院的兼职教授，对"艺术现象学研究中心"的工作用力最巨。自2002年以来，我们每年都有机会在西子湖畔相聚，一起讨论艺术和哲学，令人难忘。我从他身上体会到一个有信念、有追求、有思想的艺术家的本色。

孙周兴

2009年6月18日记于西子湖畔

责任编辑：章腊梅
执行编辑：金晓昕
装帧设计：李　文
责任校对：杨轩飞
责任印制：张荣胜

图书在版编目（CIP）数据

依于本源而居：海德格尔艺术现象学文选 / (德)
马丁·海德格尔著；孙周兴编译. -- 2版, 修订本.
杭州：中国美术学院出版社, 2024. 12. -- (断桥·艺
术哲学文丛). -- ISBN 978-7-5503-3603-2

I. B516.54-53；J0-02

中国国家版本馆CIP数据核字第20247VX875号

断桥·艺术哲学文丛

依于本源而居
海德格尔艺术现象学文选（修订本）

［德］马丁·海德格尔　著

孙周兴　编译

出 品 人：祝平凡
出版发行：中国美术学院出版社
地　　址：中国·杭州市南山路 218 号 / 邮政编码：310002
网　　址：http://www.caapress.com
经　　销：全国新华书店
印　　刷：杭州捷派印务有限公司
版　　次：2024 年 12 月第 2 版
印　　次：2024 年 12 月第 1 次印刷
印　　张：12.25
开　　本：787mm×1092mm　1/16
字　　数：310 千
书　　号：ISBN 978-7-5503-3603-2
定　　价：60.00 元